Petites
douceurs
pour le cœur

Catalogage avant publication de Bibliothèque et Archives nationales du Québec et Bibliothèque et Archives Canada

Vedette principale au titre :

Petites douceurs pour le cœur : plus de 450 histoires, pensées et citations réconfortantes et merveilleusement inspirantes pour éveiller ce qu'il y a de meilleur en vous

(Développement personnel)

ISBN 978-2-89225-659-8

1. Réalisation de soi - Citations, maximes, etc. 2. Vie spirituelle - Citations, maximes, etc. I. Charest, Nicole, 1956- . II. Collection : Développement personnel (Brossard, Québec).

PN6089.S45P47 2008   158.1   C2008-940575-7

Adresse municipale :
Les éditions Un monde différent
3905, rue Isabelle, Brossard, bureau 101
(Québec) Canada J4Y 2R2
Tél. : 450 656-2660
Site Internet : www.unmondedifferent.com
Courriel : info@umd.ca

Adresse postale :
Les éditions Un monde différent
C. P. 51546, Succ. Galeries Taschereau
Greenfield Park (Québec)
J4V 3N8

Dépôts légaux : 2e trimestre 2008
Bibliothèque nationale du Québec
Bibliothèque nationale du Canada
Bibliothèque nationale de France

Conception graphique de la couverture :
OLIVIER LASSER

Photo de l'auteure :
STUDIO JEAN JASMIN

Photocomposition et mise en pages :
NICOLE CHAREST

Typographie : Times corps 11 sur 13

ISBN 978-2-89225-659-8

Nous reconnaissons l'aide financière du gouvernement du Canada par l'entremise du Programme d'aide au développement de l'industrie de l'édition pour nos activités d'édition (PADIÉ).

Gouvernement du Québec – Programme de crédit d'impôt pour l'édition de livres – Gestion SODEC.

Gouvernement du Québec – Programme d'aide à l'édition de la SODEC.

Imprimé au Canada

Nicole Charest

Petites douceurs pour le cœur

Inspirantes en un instant, réconfortantes à tout moment...

Plus de 450 pensées, histoires et citations pour éveiller ce qu'il y a de meilleur en vous

UN MONDE DIFFÉRENT

D'où proviennent ces histoires et ces réflexions ?

À l'exception des textes qui sont signés, les histoires et citations que vous retrouvez dans ce livre proviennent toutes d'auteurs inconnus et ont été :

1) trouvées sur des sites Internet ;

2) reçues par courriel (amis ou abonnement) ;

3) tirées de ma collection personnelle ;

4) prises dans des livres ou revues dont la source n'était pas indiquée.

Faisant partie, pour la plupart, du patrimoine spirituel, ces histoires ont été reprises d'un auteur à l'autre, elles ont donc été ainsi souvent modifiées, écourtées ou enrichies de leur vision personnelle. Dans ces conditions, il s'avère difficile de retracer leur origine première et de les attribuer avec certitude à un auteur précis.

Une pensée bien spéciale...

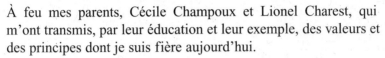

À feu mes parents, Cécile Champoux et Lionel Charest, qui m'ont transmis, par leur éducation et leur exemple, des valeurs et des principes dont je suis fière aujourd'hui.

À Jean L'Heureux, mon complice de toujours, qui m'offre un soutien inconditionnel dans tous mes projets et qui me laisse si généreusement cet espace de création dont j'ai besoin.

À mes filles, Josianne et Audrey, qui sont mes plus grandes sources d'inspiration et de bonheur. Et à Nathan, mon premier petit-fils, qui ajoute déjà une si belle dimension à ma vie.

À Lise Labbé, qui a révisé et enrichi l'ensemble des textes de ce livre. Merci pour ton professionnalisme, ta générosité, ta délicatesse et tes encouragements. Ta collaboration a été inestimable.

Et à tous ceux qui, de près ou de loin, m'ont aidée dans la réalisation de ce projet, sachez que votre écoute, votre soutien et vos conseils m'ont été des plus précieux.

À vous tous, je dédie le très beau texte : «Aurais-je le temps?»

Préface

« Souvent, une phrase suffit à éclairer une vie. »

Voilà qui résume bien l'essence même de ce livre qui regroupe à lui seul plus de 450 pensées, histoires et citations, toutes plus inspirantes les unes que les autres.

J'ai toujours été touchée par les réflexions courtes, simples, imagées ; ces pensées profondes qui nous amènent à poser un regard neuf sur les différentes réalités de nos vies.

En quelques lignes, elles savent nous réconforter, nous motiver, nous ressourcer, nous transformer et nous donner le précieux élan dont nous avons parfois tant besoin.

J'ai choisi pour vous les plus tendres et les plus diversifiées ; notamment celles qui parlent d'amour, de bonheur, de pardon, d'espoir, du moment présent, de la vie et de ses étapes...

Tous les thèmes se succèdent de façon aléatoire. C'est donc avec curiosité et empressement que vous tournerez les pages afin d'y découvrir la richesse d'un nouveau texte.

Petites douceurs pour le cœur, c'est un compagnon de route, un ami toujours là, à portée de la main, prêt à vous faire tantôt sourire, tantôt réagir...

Non seulement en ferez-vous votre nouveau livre de chevet, mais qui sait si, au hasard de toutes ces réflexions, vous n'y trouverez pas la phrase qui éclairera votre vie...

Nicole Charest

Suggestion de bonheur !

Voulez-vous faire quelque chose aujourd'hui qui non seulement ne vous coûtera rien, mais qui risque également de s'avérer extraordinaire pour vous ? Voici une suggestion.

Essayez de passer votre journée dans la joie toute simple d'ÊTRE, en visualisant ce que le verbe ÊTRE veut vraiment dire ici.

Faites d'aujourd'hui le jour «zéro» de votre vie, en quelque sorte le point de départ de votre existence. Et promettez-vous de vivre tous les autres avec la même conscience des sensations vraies. Sentez-vous bien dans tout ce que vous effectuez, que ce soit la vaisselle, le marché, le travail, vos loisirs.

J'ai fait cet exercice pour découvrir que le fait d'ÊTRE m'incite instinctivement à prendre conscience de ma respiration, à goûter chaque bouchée que je mange, à admirer les beautés qui m'entourent, à dire à un ami que je l'aime, gratuitement, sans rien attendre en retour, et surtout, à réaliser au fond que je suis vraiment bien sur cette terre. Vous ne pouvez savoir à quel point cet exercice améliore la vie.

Faites-en l'expérience !

Un trousseau de clés

La clé de l'épanouissement, c'est le travail.
La clé du succès, c'est l'enthousiasme.
La clé de la maîtrise de soi, c'est le calme.
La clé des découvertes, c'est le silence.
La clé de la joie, c'est le sourire.
La clé de l'amitié, c'est le partage.
La clé de la sérénité, c'est le pardon.
La clé de la planification, c'est l'ordre.
La clé de la santé, c'est la modération.
La clé de l'harmonie, c'est la discrétion.
La clé de la richesse, c'est le don.
La clé du bonheur, c'est l'acceptation.

Desiderata

« Va paisiblement ton chemin à travers le bruit et la hâte, et souviens-toi que le silence est paix. Autant que faire se peut et sans courber la tête, sois ami avec tes semblables. Exprime ta vérité calmement et clairement. Écoute les autres, même les plus ennuyeux ou les plus ignorants ; eux aussi ont quelque chose à dire.

« Fuis l'homme à la voix haute et autoritaire ; il pèche contre l'esprit. Ne te compare pas aux autres par crainte de devenir vain ou amer, car toujours, tu trouveras meilleur ou pire que toi.

« Jouis de tes succès mais aussi de tes plans. Aime ton travail aussi humble soit-il, car c'est un bien réel dans un monde incertain. Sois sage en affaires, car le monde est trompeur. Mais n'ignore pas non plus que vertu il y a, que beaucoup d'hommes poursuivent un idéal et que l'héroïsme n'est pas chose si rare.

« Sois toi-même et, surtout, ne feins pas l'amitié. N'aborde pas non plus l'amour avec cynisme, car, malgré les vicissitudes et les désenchantements, il est aussi vivace que l'herbe que tu foules.

« Incline-toi devant l'inévitable passage des ans, laissant sans regret la jeunesse et ses plaisirs. Sache que, pour être fort, tu dois te préparer, mais ne succombe pas aux craintes chimériques qu'engendrent souvent fatigue et solitude. Par-delà une sage discipline, sois bon avec toi-même.

« Tu es bien fils, fille de l'univers, tout comme les arbres et les étoiles. Tu y as ta place. Quoique tu en penses, il est clair que l'univers continue sa marche comme il se doit.

« Sois donc en paix avec Dieu, quel qu'Il puisse être pour toi. Et, quelles que soient ta tâche et tes aspirations, dans le bruit et la confusion de la vie, garde ton âme en paix.

« Malgré les vilenies, les labeurs, les rêves déçus, la vie a encore sa beauté. Sois prudent. Essaie d'être heureux ! »

— *Max Ehrmann*

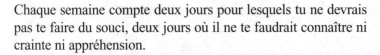

À chaque jour suffit sa peine...

Chaque semaine compte deux jours pour lesquels tu ne devrais pas te faire du souci, deux jours où il ne te faudrait connaître ni crainte ni appréhension.

Le premier jour, c'est hier, qui porte le fardeau de ses contrariétés, ses erreurs, ses souffrances et ses chagrins. Hier nous a échappé à tout jamais. Tout l'or du monde ne pourrait le faire renaître. Nous ne pouvons défaire les actes accomplis ni reprendre les paroles prononcées. Hier est un jour révolu.

L'autre jour qu'il convient de mettre à l'abri des ennuis, c'est demain, avec ses promesses, ses imprévus, ses défis. Demain échappe à notre emprise. Le soleil se lèvera inexorablement dans la splendeur de la création ou derrière un voile de nuages, que nous nous inquiétions ou non. Jusqu'à son lever, nous ne pouvons miser sur rien, puisque demain n'a pas vu le jour.

Il ne nous reste donc qu'aujourd'hui. Chacun de nous peut mener sa barque pendant une petite journée. Nous ne faiblissons et ne chavirons que si le poids d'hier et de demain, ces deux terribles éternités, s'ajoute aux inquiétudes d'aujourd'hui.

Ce ne sont pas les expériences d'aujourd'hui qui nous désespèrent, c'est l'amertume qu'engendre le remords d'hier, ajoutée à la crainte de demain.

S'inquiéter n'enlève rien aux soucis de demain,
mais mine aujourd'hui de sa force.

〜〜〜〜〜〜〜〜〜〜〜〜〜

Prière de la sérénité

Mon Dieu,
Donnez-moi la sérénité d'accepter
les choses que je ne peux changer,
le courage de changer celles que je peux
et la sagesse d'en connaître la différence.

Le père, l'enfant et l'âne

Un enfant demandait à son père : «Dis, papa, quel est le secret pour être heureux ?»

Pour toute réponse, le père pria son fils de le suivre. Ils sortirent de la maison, le père bien assis sur leur vieil âne et le fils l'escortant docilement à pied. Voyant cela, les gens du village dirent : «Quel mauvais père qui oblige son fils à marcher à côté de lui, alors qu'il est bien installé sur son âne !

— Tu as entendu, mon fils ? Rentrons à la maison.»

Le lendemain, ils sortent de nouveau. Cette fois-ci, le père assoit son fils sur l'âne tandis que lui, marche à côté. Les gens du village s'empressent de dire alors : «Quel fils indigne, il ne respecte guère son vieux père que de le laisser aller à pied !

— Tu as entendu, mon fils ? Rentrons à la maison.»

Le jour suivant, ils enfourchent tous les deux leur baudet et quittent la maison. Les villageois outrés commentèrent aussitôt l'incident de cette façon : «Ils ne se soucient pas tellement de leur mulet en le surchargeant ainsi !

— Tu as entendu, mon fils ? Rentrons à la maison.»

C'est pourquoi le surlendemain, ils partirent en transportant leurs affaires dans leurs bras, l'âne trottinant derrière eux. Malgré cela, les gens du village trouvèrent encore à redire : «Voilà qu'ils charroient eux-mêmes leurs bagages maintenant ! C'est le monde à l'envers !

— Tu as entendu mon fils ? Rentrons à la maison.»

De retour chez eux, le père dit à son fils : «Tu me demandais l'autre jour quel est le secret du bonheur ? Comme tu le vois, peu importe ce que tu fais, il y aura toujours quelqu'un pour te le reprocher. Fais ce que tu aimes et tu seras heureux !»

Le plus grand secret du bonheur, c'est d'être bien avec soi.

Votre vie sera plus riche...

Si vous faites aujourd'hui un effort pour :

* Régler une querelle ;
* Rechercher un ami perdu de vue ;
* Écarter un soupçon et le remplacer par la confiance ;
* Écrire une lettre à quelqu'un qui s'ennuie de vous ;
* Encourager quelqu'un qui a perdu espoir ;
* Tenir une promesse ;
* Oublier une vieille rancune ;
* Combattre pour un principe ;
* Exprimer votre reconnaissance ;
* Examiner vos exigences envers les autres et les réduisez ;
* Aller au-delà d'une vieille peur ;
* Prendre deux minutes pour apprécier la beauté de la nature ;
* Dire à des gens que vous les aimez ;
* Le redire ;
* Et le répéter encore ;
* *Et encore.*

Découvrez votre valeur propre

Peu importe le degré de votre intelligence, de votre beauté ou de vos talents, vous tendrez à saboter vos propres efforts et à miner vos relations directement en fonction du degré selon lequel vous doutez de votre valeur.

La vie abonde en largesses et en possibilités ; votre degré d'ouverture à les recevoir et les apprécier est directement proportionnel à votre appréciation de votre valeur personnelle innée et à votre capacité à vous accorder la même compassion et le même respect que vous accorderiez aux autres.

Quand vous découvrez votre valeur propre, vous rendez la liberté à votre esprit.

— Dan Millman, *Chaque jour, l'illumination*, p. 27

Je suis unique!

 Dans le monde entier, il n'y a personne comme moi.

Depuis le début des temps, il n'y a jamais eu une autre personne comme moi. Personne n'a mon sourire, mes yeux, mes cheveux, mes mains, ma voix. Je suis unique. Personne n'a mes empreintes digitales, mon écriture. **Je suis vraiment unique.**

Nulle part ailleurs quelqu'un n'a mes goûts pour l'art, la musique ou la nourriture. Personne ne voit les choses comme je les vois. Depuis que le monde est monde, personne n'a ri ou pleuré comme moi. Et ce qui me fait sourire et m'attendrir ne peut jamais provoquer les mêmes rires chez un autre, jamais. Personne ne réagit à une situation comme je le fais. Personne n'aime et ne vibre à ma façon. **Je suis unique.**

Je suis le seul dans toute la création doté de ces capacités. Oh! bien sûr, il y aura toujours quelqu'un de meilleur que moi pour réussir mieux encore l'une ou l'autre chose que je fais déjà bien, mais personne dans tout l'univers ne possède la qualité particulière de l'ensemble de mes talents, idées, habiletés et sentiments. Comme une salle remplie d'instruments musicaux, chacun d'eux, comme tout bon musicien, peut exceller seul. En revanche, aucun ne peut rivaliser de splendeur avec la beauté d'une symphonie exécutée dans un parfait ensemble et dans une belle harmonie. Je suis une symphonie.

De toute éternité, personne ne regardera, ne parlera, ne pensera ou ne fera comme moi. Je suis unique. Je suis rare. Et comme tout ce qui est rare, ma valeur est inestimable. Étant donné cette valeur incomparable, je n'ai pas besoin d'essayer d'imiter les autres. J'accepterai... ou plutôt, je célébrerai mes différences.

Je suis unique. Et je commence à réaliser que le fait d'être unique n'est pas accidentel. Je suis sur terre pour une raison très spéciale. Il doit y avoir une mission pour moi que personne d'autre ne peut faire aussi bien que moi. De tous les millions d'aspirants à ce rôle, un seul dispose des qualifications requises, un seul possède la combinaison adéquate et les qualités nécessaires pour mener à bien cette mission personnelle.

Dans le regard...

Il y a de cela bien des années, un vieillard attendait sur le bord d'une rivière, qu'on l'aide à traverser. Après plusieurs jours, il aperçut enfin un groupe de cavaliers. Il laissa passer le premier, le deuxième, le troisième, puis le quatrième sans les interpeller. Enfin, comme il n'en restait plus qu'un, le vieillard le regarda bien en face et lui demanda : «Monsieur, me transporteriez-vous sur l'autre rive?» Sans un moment d'hésitation, le cavalier répondit : «Certainement, mon ami, montez derrière moi!»

Le gentilhomme le mena donc sur l'autre rive, mais avant de le quitter, le cavalier, quelque peu intrigué, ne put se retenir de lui poser cette question :

«Monsieur, je n'ai pu m'empêcher de remarquer que vous avez laissé passer tous les autres, sans même essayer d'attirer leur attention. Pourquoi m'avoir demandé à moi et non pas à eux?»

Le vieillard répondit aussitôt : «J'ai regardé leurs yeux et je n'y ai décelé aucun amour. Je savais que je demanderais en vain. Mais quand j'ai croisé votre regard, j'y ai perçu de la compassion, de l'amour et de la bonne volonté. J'ai su que vous me transporteriez avec plaisir sur l'autre rive.»

Si vous aviez été ce cavalier, le vieillard aurait-il sollicité votre aide pour se rendre sur l'autre rive?

— Zig Ziglar, *Rendez-vous au sommet*, p. 115

La bonté

Vivre en soi, ce n'est rien. Il faut vivre «en autrui». «*À qui puis-je être utile aujourd'hui?*» Voilà chaque matin ce qu'il faudrait se demander. Et le soir, quand des cieux la clarté se retire, heureux à qui son cœur, tout bas, pourra dire : «Ce jour qui va finir, je ne l'ai pas perdu. Grâce à mes bons soins, j'ai vu un visage humain éprouver du plaisir et sur ses traits s'évanouir sa peine.»

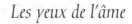

Les yeux de l'âme

Il était une fois deux hommes gravement malades dans la même chambre d'hôpital. L'un d'eux devait s'asseoir droit dans son lit, une heure par jour, afin de faire circuler les fluides de ses poumons pour les en déloger. Son lit était à proximité de la seule fenêtre de la chambre.

Incapable de faire le moindre mouvement sans ressentir une effroyable douleur, l'autre homme passait le plus clair de son temps, allongé sur le dos.

Chaque jour, sans se lasser, l'homme dont le lit était près de la fenêtre décrivait avec ravissement à son ami les merveilles qu'il observait dehors : un beau lac, sur lequel voletaient des bernaches et des canards sauvages ; des enfants jouant avec leurs cerfs-volants ; de magnifiques fleurs, des saules majestueux qui offraient à la brise légère le balancement de leurs feuilles...

L'homme qui était couché sur le dos ne vivait plus que pour ces heures-là, quand son monde était éclairé par le récit détaillé des activités et des couleurs de l'extérieur.

Puis les journées et les semaines passèrent jusqu'au jour où l'infirmière entra dans leur chambre et constata que l'homme à côté de la fenêtre était décédé. « Sa mort fut paisible pendant la nuit », expliqua-t-elle à l'autre.

Quand il jugea que le moment était choisi, l'homme couché sur le dos demanda s'il pouvait se faire transférer auprès de la fenêtre. L'infirmière était ravie de lui faire plaisir.

Très péniblement, il se leva. Il voulait tellement jeter un premier regard par cette fenêtre. Enfin, il pourrait tout voir par lui-même.

Quand il fut suffisamment redressé pour voir dehors, il se retrouva face à face avec un mur devant la fenêtre. Subjugué, il demanda aussitôt à l'infirmière pour quelle raison l'homme lui avait décrit de si belles choses du monde extérieur.

Elle lui répondit que son voisin de chambre était complètement aveugle et qu'il ne pouvait même pas voir la fenêtre, et encore moins ce qui se passait hors de ces murs. Elle ajouta, attendrie : « Peut-être qu'il voulait tout simplement vous encourager... »

Une vie après la vie?

Je n'ai qu'une toute petite foi naturelle, fragile, vacillante, bougonneuse et toujours inquiète. Une foi qui ressemble bien plus à une espérance qu'à une certitude. Mais, voyez-vous, à la courte lumière de ma faible raison, il m'apparaît irrationnel, absurde, illogique, injuste, contradictoire et intellectuellement impensable que la vie humaine ne soit qu'un insignifiant passage de quelques centaines de jours sur cette terre ingrate et somptueuse.

Il me semble impensable que la vie, une fois commencée, se termine bêtement par une triste dissolution dans la matière, et que l'âme, comme une splendeur éphémère, sombre dans le néant après avoir inutilement été le lieu spirituel et sensible de si prodigieuses clartés, de si riches espérances et de si douces affections.

Il me paraît répugner à la raison de l'homme autant qu'à la providence de Dieu que l'existence ne soit que temporelle et qu'un être humain n'ait pas plus de valeur et d'autre destin qu'un simple caillou.

— *Doris Lussier*

« L'univers m'embarrasse et je ne puis penser que cette horloge existe et n'ait point d'horloger. »

Voltaire

❀ *Si vous restez au beau milieu de l'orage, n'en blâmez pas le temps qu'il fait.*

❀ *Si vous voulez quelque chose que vous n'avez jamais eu, faites quelque chose que vous n'avez encore jamais fait.*

❀ *Qu'il est dommage de ne percevoir l'étendue de notre bonheur que lorsqu'il menace de nous quitter.*

❀ *On crée les circonstances dans lesquelles on vit pour vivre les expériences qu'on a besoin de vivre.*

Les bénévoles

Dans un monde où le temps s'enfuit à toute allure ;
Dans un monde où l'argent impose sa culture ;
Dans un monde où parfois, l'indifférence isole ;
Les anges existent encore : ce sont les bénévoles.

Ces gens qui, par souci du sort de leur prochain,
prennent de leur temps pour tendre la main.
Ces êtres généreux, qui s'oublient et se dévouent,
Ne les cherchez pas bien loin. Ils sont parmi nous.

Étant fort discrets, ils ne demandent rien.
Ni merci, ni argent, ni aucun bien.
Pourtant, ce qu'ils donnent n'a pas de prix.
Rien ne peut l'acheter : c'est une partie de leur vie.

Et c'est bien grâce à eux si Noël, pour certains,
demeure un jour de magie plutôt que de chagrin !
De tout cœur, nous désirons vous remercier :
« Puissiez-vous recevoir autant que vous donnez ! »

Bonne et heureuse année !

À ceux qui possèdent le détachement de l'esprit et à ceux qui soignent les corps ou les âmes ;

À ceux dont le cœur bat généreusement et à tous ceux qui, luttant pour la justice, veulent établir le règne de la paix ;

À tous ceux qui sont purs dans leurs pensées et leur amour.

Bonne et heureuse année à vous tous qui donnez un sens divin à l'humanité !

— Extrait d'une chanson de Mario Pelchat *Bonne année*

Il a bu et je vais mourir

Maman, je suis allée à une fête. Je me suis souvenue que tu m'avais dit de ne pas boire d'alcool, alors, je n'ai bu que du cola. Les autres me disaient que je pouvais, mais moi, je n'ai pas voulu et je me sentais vraiment fière de moi.

Maman, la fête tire à sa fin et tous s'en retournent chez eux. En montant dans ma voiture, je savais que j'arriverais saine et sauve à la maison, parce que tu m'as appris à être responsable.

Je démarre doucement. Mais en m'engageant dans la rue, l'autre voiture ne m'a pas vue et m'a frappée de plein fouet. Maman, étendue sur le pavé, j'entends un policier dire : « L'autre chauffeur était ivre ».

Maman, maintenant c'est moi qui paie. Je suis étendue là, mourante. Comment est-ce possible ? Ma vie vient d'éclater comme un ballon. Il y a du sang partout, et c'est le mien. J'entends le docteur dire que je vais mourir bientôt. Maman, je veux seulement te dire : Je jure que je n'ai pas bu. Maman, c'était les autres. Les autres n'ont pas réfléchi. Ils étaient probablement à la même fête que moi. La seule différence : il a bu et je vais mourir. Maman, pourquoi les gens boivent-ils ? Ça peut détruire toute une vie.

Maintenant, je ressens une vive douleur, tel un couteau. Maman, le gars qui m'a frappée, marche de long en large en titubant et je crois que c'est injuste. Je meurs et il ne peut que me dévisager. Quelqu'un aurait dû lui dire que l'alcool au volant, c'est criminel ! Si seulement on le lui avait dit, je serais encore en vie.

Maman, mon souffle se fait plus court et j'ai très peur. J'aimerais tant que tu sois là… Maman, j'ai une dernière question avant de te dire au revoir : « Moi, je n'ai pas bu, alors, pourquoi suis-je celle qui va mourir ? »

✽ *Le passé devrait être un tremplin, pas un hamac.*

✽ *Vous pouvez vous libérer de votre passé en l'aimant.*

Écouter

Écouter, c'est peut-être le plus beau cadeau que nous pouvons faire à quelqu'un...

C'est lui dire, non pas avec ses mots, mais avec ses yeux, son visage, son sourire et tout son corps : tu es important pour moi, tu es intéressant, je suis heureux que tu sois là...

Écouter, c'est commencer par se taire. Écouter, c'est accueillir l'autre avec reconnaissance, tel qu'il se définit lui-même, sans se substituer à lui pour exprimer ce qu'il doit être.

Écouter, ce n'est pas vouloir que quelqu'un soit comme ceci ou comme cela, c'est apprendre à découvrir les qualités qui le distinguent.

C'est être ouvert positivement à toutes les idées, tous les sujets, toutes les expériences, toutes les solutions, sans interpréter, sans juger, laissant à l'autre son espace et le temps de trouver la voie qui est la sienne.

Être attentif à quelqu'un qui souffre, ce n'est pas donner une solution ou une explication à sa souffrance, c'est lui permettre de la dévoiler et de trouver lui-même son propre chemin pour se libérer...

Écouter, c'est donner à l'autre ce qu'on ne nous a peut-être jamais donné : de l'attention, du temps, une présence affectueuse.

Bien des gens vont voir un médecin alors
qu'ils n'ont besoin que d'un confident.

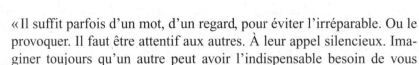

« Il suffit parfois d'un mot, d'un regard, pour éviter l'irréparable. Ou le provoquer. Il faut être attentif aux autres. À leur appel silencieux. Imaginer toujours qu'un autre peut avoir l'indispensable besoin de vous pour desserrer la solitude qui l'étrangle. »

— Martin Gray, *Le Livre de la vie,* p. 135

La grenouille

On organisa une course de grenouilles dont le but ultime était qu'elles parviennent à se rendre tout en haut d'une grande tour. Beaucoup de gens se rassemblèrent pour les voir et les soutenir, présumant qu'elles étaient en mesure de saisir leurs encouragements. On siffla donc le départ.

En fait, les gens ne croyaient pas que les grenouilles pouvaient atteindre la cime. Et de toutes parts, les cris de la foule fusaient : « Pauvres petites grenouilles, quelle peine elles se donnent ! Elles n'y arriveront jamais ! »

En entendant ces prévisions défaitistes, les grenouilles, loin de s'encourager à poursuivre, commencèrent à se résigner, toutes sauf une qui continua de grimper allègrement la tour. Les gens criaient à qui mieux mieux : « Pourquoi se donner toute cette peine ! Elles ne pourront jamais se rendre jusqu'en haut ! »

Et ce qui devait arriver arriva, la plupart des grenouilles s'avouèrent vaincues, sauf cette même grenouille déterminée qui continuait courageusement l'ascension.

À la fin, toutes se désistèrent, sauf cette grenouille qui, au prix d'un effort désespéré, rejoignit seule le haut de la cime.

Curieuses, les autres grenouilles voulaient bien savoir comment elle avait fait pour tenir bon jusqu'au bout ; aussi l'une d'entre elles s'approcha donc pour lui demander : « Dis-nous, quelle stratégie as-tu utilisée pour terminer l'épreuve ? » Quelle ne fut pas leur stupéfaction de constater que cette dernière était sourde…

Doutez, et vous échouerez.
Croyez à la victoire, et vous réussirez.

Ne remettez jamais au lendemain ce qui vous est désagréable.
Non seulement vous éviterez ainsi 24 heures d'appréhension,
mais vous pourrez vous réjouir pendant 24 heures de
vous être débarrassé de cette corvée.

Vieillir en beauté

Vieillir en beauté, c'est vieillir avec son cœur,
sans remords, sans regrets, sans regarder l'heure.
Aller de l'avant, arrêter d'avoir peur,
car à chaque âge, se rattache un bonheur.

Vieillir en beauté, c'est vieillir avec son corps.
Le garder sain en dedans, beau aussi en dehors.
Ne jamais abdiquer devant l'effort,
l'âge n'a rien à voir avec la mort.

Vieillir en beauté, c'est donner un coup de pouce,
à ceux qui se sentent perdus dans la brousse,
qui ne croient plus que la vie peut être douce
et qu'il y a toujours quelqu'un pour venir à la rescousse.

Vieillir en beauté, c'est vieillir positivement,
ne pas pleurer sur des souvenirs d'antan.
Être fier d'avoir des cheveux blancs
car, pour être heureux, on a encore le temps.

Vieillir en beauté, c'est vieillir avec espoir.
Être content de soi en se couchant le soir.
Et lorsque viendra le point de non-retour,
se dire qu'au fond, ce n'est qu'un au revoir...

❋ *Tout le monde se soucie de vivre longtemps. Rares sont les êtres qui se soucient de vivre vraiment.*

❋ *Beaucoup de gens ne sont jamais jeunes ; quelques personnes ne sont jamais vieilles.*

❋ *Vieillir, au fond, ce n'est pas du tout ce qu'on croit. Ce n'est pas avant tout de s'étioler, mais plutôt de grandir, de s'épanouir.*

Une liste très spéciale...

Un jour, un enseignant de français demanda à ses étudiants d'écrire le nom de chacun de ses camarades de classe sur une feuille, de penser au compliment le plus agréable qu'ils pourraient leur dire et de les noter.

Ce samedi-là, l'enseignant écrivit le nom de ses étudiants sur une feuille individuelle et transcrivit pour chacun des élèves concernés les éloges qu'il avait reçus de ses compagnons. Le lundi, il remit à chaque étudiant sa liste respective. En moins de deux, la classe entière souriait.

«Vraiment?», dit l'un. «Je ne savais pas que j'avais autant d'importance», dit l'autre. Et puis, après quelques jours d'euphorie, personne n'en parla plus.

Plusieurs années plus tard, un des étudiants de cette classe, devenu soldat, fut tué au Vietnam et l'enseignant assista à ses funérailles. Un des soldats porteurs du cercueil vint vers lui et lui demanda : «Étiez-vous l'enseignant de français de Marc?» Il opina de la tête en signe d'approbation. Alors, il lui confia : «Marc m'a beaucoup parlé de vous…»

Après les funérailles, les parents de Marc s'approchèrent de l'enseignant en question pour lui parler. «Nous voulons vous montrer quelque chose, dit le père en sortant un portefeuille de sa poche. On a trouvé ça sur Marc quand il a été tué.»

En ouvrant le portefeuille, il sortit une feuille de papier qui, de toute évidence, avait été pliée et repliée plusieurs fois. L'enseignant reconnut aussitôt la liste des louanges sincères que les camarades de Marc avaient dites sur lui.

«Merci beaucoup pour cette initiative si touchante, dit la mère de Marc. Comme vous pouvez le constater, Marc a gardé précieusement cette feuille sur lui.»

C'est alors que tous les anciens camarades de classe de Marc qui étaient présents à la cérémonie se rassemblèrent autour de lui, et tour à tour, ils parlèrent des bienfaits extraordinaires qu'ils avaient retirés de leur liste. L'enseignant, ému, s'assit, fier d'avoir fait une différence dans la vie de ses élèves.

Le secret du bonheur

Il existe une fable merveilleuse au sujet d'une petite orpheline sans famille ni personne pour l'aimer. Un jour qu'elle était profondément triste et seule, elle fit une promenade dans un pré et aperçut un petit papillon empêtré dans un buisson d'épines. Précautionneusement, la petite orpheline libéra le papillon de sa prison. Au lieu de s'envoler toutefois, le papillon se transforma en une fée ravissante.

«Pour te remercier de ta gentillesse, je vais t'accorder un vœu», déclara la fée à la petite fille. L'orpheline y songea un moment puis elle répondit : «Je veux être heureuse !» La fée répondit : «Très bien !» Elle se pencha vers elle, lui chuchota quelque chose à l'oreille, puis elle disparut.

La petite fille devint grande et personne dans le pays n'était plus heureux qu'elle. Tous lui demandaient le secret de son bonheur. En guise de réponse, elle se contentait de sourire en disant : «Le secret de mon bonheur, c'est que j'ai suivi les conseils d'une bonne fée quand j'étais enfant.»

Lorsqu'elle fut très vieille et proche de la mort, ses voisins la veillèrent sans répit, de crainte qu'elle n'emporte dans la tombe son fabuleux secret. On la supplia : «Nous t'en prions, révèle-nous ton secret. Que t'a dit la bonne fée ?»

La charmante vieille femme esquissa un sourire et déclara :

«Elle m'a tout simplement dit que vous tous, jeunes ou vieux, riches ou pauvres, forts ou faibles, instruits ou ignorants, vous tous, vous aviez besoin de moi.»

— *The Speaker's Sourcebook*

« Qu'une seule personne ait besoin de nous
et c'est la magie qui donne un sens à toute notre existence. »

V. Putnam

Lâcher prise

Lâcher prise, c'est renoncer à tout contrôler, à vouloir le bien de l'autre, c'est renoncer à prouver quoi que ce soit, c'est accepter que l'autre est l'autre et que moi-même, je suis qui je suis et non pas qui j'avais rêvé d'être.

Lâcher prise, c'est faire confiance, c'est signer un chèque en blanc sur l'avenir, sur cette vie et sur ce qui lui fait suite.

Lâcher prise, c'est cesser de faire le procès de la vie qui ne nous donne pas ce que nous en attendions.

En fait, lâcher prise, c'est commencer à être vraiment heureux, car le bonheur, c'est comme un sillage, il suit fidèlement celui qui ne le poursuit pas. Si l'on s'arrête pour le contempler, pour le saisir, il s'évanouit aussitôt.

À partir du moment où l'on peut lâcher prise, où l'on ne désire plus être heureux à tout prix, on découvre que le bonheur, c'est cette capacité de garder les mains ouvertes plutôt que de les laisser agrippées sur ce que nous croyons nous être indispensable.

— Rosette Poletti et Barbara Dobbs, *Accepter ce qui est*

Votre monde intérieur

«Imaginez votre monde intérieur comme un champ dans lequel chacune de vos pensées va germer. Contrôlez les sentiments et les idées qui vous traversent : «Quels fruits cette pensée va-t-elle donner?» Lorsque ces fruits ne sont pas de ceux que vous aimeriez cueillir, arrachez sans faiblesse la mauvaise petite graine... Et remplacez-la par la pensée opposée. Une douce obstination transformera plus vite que vous ne pouvez le croire, un désert broussailleux en un verger magnifique.»

— Marcelle Auclair, *Le Livre du bonheur,* p. 14

Les cailloux

Un professeur de philosophie désire donner à ses élèves un cours sur la planification efficace du temps. Pour arriver à ses fins, il décide de leur faire vivre une petite expérience…

Quand le cours commence, il prend un énorme pot vide qu'il remplit avec de gros cailloux. Il demande alors aux étudiants si le pot est plein. Ils répondent par l'affirmative.

Le professeur prend un sac de lentilles, verse son contenu dans le pot et le secoue légèrement. Les lentilles remplissent bien sûr les espaces entre les cailloux. Il demande aux étudiants si le pot est plein. La réponse est positive.

Le professeur prend un contenant rempli de sable et le verse dans le pot. Évidemment, le sable comble les trous. Il redemande alors une nouvelle fois aux élèves s'ils croient que le pot est désormais plein. Ils répondent unanimement par un oui retentissant.

« Maintenant, dit le professeur, je voudrais que vous considériez ce fait. Ce pot représente votre vie.

« Les cailloux sont les domaines importants de votre vie — votre famille, votre conjoint, vos enfants, votre santé. Les lentilles représentent les autres aspects fondamentaux qui jalonnent votre existence comme votre travail, votre maison, votre voiture. Le sable correspond à tout le reste, les petites choses.

« Si vous mettez d'abord le sable dans le pot, poursuit-il, il ne restera plus de place pour les lentilles ou les cailloux. C'est pareil pour votre vie. Si vous consacrez votre temps et votre énergie aux choses secondaires, vous ne pourrez plus vous occuper des choses importantes.

« Soyez attentifs à tout ce qui est essentiel à votre bonheur et définissez vos priorités. Le reste n'est que du sable. »

Certains gravissent l'échelle du succès échelon après échelon toute leur vie durant pour arriver en haut et s'apercevoir finalement que leur échelle était appuyée sur le mauvais mur...

La mort, c'est cela !

Je suis debout au bord de la plage. Un voilier passe dans la brise du matin et défile vers l'océan. Il est la beauté, il est la vie. Je le regarde jusqu'à ce qu'il disparaisse à l'horizon. Quelqu'un à mes côtés me dit : «Il est parti.

— Parti vers où ?

— Il n'est tout simplement plus présent à mon regard, c'est tout !

«Son mât est toujours aussi haut. Sa coque a toujours la force de porter sa charge humaine. Sa disparition totale de ma vue est en moi, pas en lui.

«Et juste au moment où quelqu'un près de moi dit : "Il est parti !", il y en a d'autres qui, le voyant poindre à l'horizon et venir vers eux, s'exclament avec joie : "Le voilà !". C'est ça, la mort...»

— *William Blake*

Car la vie et la mort sont un, de même que le fleuve et l'océan.

Maman demandée

Longues heures, aucun salaire, peu de temps libre. Plusieurs périodes supplémentaires durant les fins de semaine, les jours de fêtes. Pas de vacances d'été.

Requiert de l'énergie, de l'intelligence, de la patience, de l'imagination, de l'endurance et de la flexibilité.

Doit pouvoir guider, comprendre, instruire tout en étant attachante, chaleureuse, réconfortante et bienveillante.

Formation sur place. Nombreux postes disponibles.

Le chef-d'œuvre de Dieu, c'est le cœur d'une mère.

Imaginez-vous...

Imaginez-vous qu'un ange est à vos côtés en ce moment...

Silence... Soyez calme et pensez à tout ce qui vous angoisse, vous fait pleurer, vous oppresse, vous inquiète.

Imaginez-vous maintenant lui présentant ce fardeau très lourd afin qu'il aille le porter vers votre Dieu.

Maintenant, pensez à toutes les belles et bonnes choses que vous désirez ou qui sont déjà arrivées dans votre vie : ces merveilleux moments de joie, d'amitié, d'affection, de paix, d'amour...

Placez tout cela, en esprit, dans vos mains et faites le geste de tout ramener dans votre cœur, comme si vous vouliez garder un bijou dans un écrin. Placez ce trésor au plus profond de vous-même et rendez grâce à la Vie de tout votre cœur.

Soyez reconnaissant pour tout ce qu'il y a d'heureux dans votre vie, ainsi que pour toutes les souffrances qui, maintenant, se sont envolées...

L'attitude

L'attitude pour moi est plus importante que les faits, que le passé, l'éducation, l'argent, les circonstances, l'échec ou le succès. Plus importante que ce que les autres pensent ou disent ou font. Plus importante que l'apparence, le talent ou l'expérience.

Le plus remarquable, c'est que nous avons le choix, tous les jours, de l'attitude que nous prendrons pour la journée. Nous ne pouvons pas changer notre passé, nous ne pouvons pas changer non plus ce que les gens vont faire. Nous ne pouvons modifier l'inévitable. Le seul pouvoir que nous avons est de transformer notre attitude...

À qui appartient le cadeau?

P rès de Tokyo, vivait un grand samouraï. Malgré son âge avancé, on murmurait qu'il était encore capable d'affronter n'importe quel adversaire.

Un jour, arriva un guerrier réputé pour son manque total de scrupules. Il attendait que son adversaire fasse le premier mouvement et, doué d'une intelligence rare pour profiter des erreurs commises, il contre-attaquait avec la rapidité de l'éclair.

Ce jeune guerrier n'avait jamais perdu un combat. Comme il connaissait la réputation du samouraï, il était venu pour le vaincre et accroître sa gloire. Tous les étudiants étaient opposés à cette idée, mais le vieux maître accepta le défi.

Ils se réunirent et le jeune guerrier commença à insulter le vieux maître. Il lui lança des pierres, lui cracha au visage, cria toutes les injures connues. Pendant des heures, il fit tout pour le provoquer, mais le vieux samouraï restait impassible. À la tombée de la nuit, se sentant épuisé et humilié, l'impétueux guerrier se retira.

Dépités d'avoir vu le maître accepter autant d'outrages, ses disciples le questionnèrent alors : « Comment avez-vous pu supporter de tels affronts ? Pourquoi ne vous êtes-vous pas servi de votre épée – même sachant que vous alliez perdre le combat – au lieu d'exhiber votre lâcheté devant nous tous ?

— Si quelqu'un vous tend un cadeau et que vous ne l'acceptez pas, à qui appartient le cadeau ? demanda le samouraï.

— À celui qui a essayé de le donner, répondit un des disciples.

— Cela vaut aussi pour l'envie, la rage et les insultes, dit le maître. Lorsqu'elles ne sont pas acceptées, elles appartiennent toujours à celui qui les porte dans son cœur. »

Le meilleur système de défense :
ne jamais se placer au même niveau que l'offenseur.

Communication difficile entre

Ce que je pense…
Ce que je veux dire…
Ce que je crois dire…
Ce que je dis…
Ce que vous voulez entendre…
Ce que vous entendez…
Ce que vous croyez entendre…
Ce que vous voulez comprendre...
Ce que vous comprenez…

Il y a au moins neuf possibilités de ne pas s'entendre !

Dicton du sage Cadoc

Avant de parler, considère :
premièrement, ce que tu dis ;
deuxièmement, pourquoi tu le dis ;
troisièmement, à qui tu le dis ;
quatrièmement, de qui tu le tiens ;
cinquièmement, ce qui ressortira de tes paroles ;
sixièmement, quel profit en découlera ;
septièmement, qui écoutera ce que tu diras.

Garde alors tes mots sur le bout de ta langue
et tourne-les de ces sept manières avant de les exprimer :
aucun mal ne résultera jamais de tes paroles.

❋ *Un mauvais ouvrier a toujours de mauvais outils.*

❋ *La suprême récompense du travail, ce n'est pas ce qu'il nous permet de gagner, mais ce qu'il nous permet de devenir.*

Le bol de bois

Un vieil homme dont la santé était fragile vint vivre avec son fils, sa belle-fille et son petit-fils de dix ans. Ses mains tremblaient, sa vue était embrouillée et sa démarche, chancelante.

La famille se réunissait pour le repas, mais les mains tremblotantes de grand-père et sa vue vacillante rendaient le repas désagréable. Les petits pois roulaient par terre, il renversait son verre sur la nappe et maculait ses vêtements de sauce. Ce qui irritait le fils et la belle-fille au plus haut point, si bien qu'ils furent très vite à bout de nerfs.

«On doit faire quelque chose avec grand-père, dit le fils au petit-fils, nous en avons assez du lait renversé, de ses bruits de bouche lorsqu'il mange et nous en avons vraiment marre de ramasser la nourriture sur le plancher.»

Alors, le fils et sa femme aménagèrent une petite table dans un coin. «C'est là que grand-père mangera pendant que le reste de la famille sera à la grande table. De plus, comme il a cassé quelques assiettes, dorénavant, il mangera dans un bol de bois.»

Lorsque la famille regardait dans le coin lors des repas, on pouvait voir distinctement une larme couler sur les joues de grand-père, assis tout seul. En dépit de cela, les seuls mots que la famille avait pour grand-père exprimaient la colère lorsqu'il laissait tomber une fourchette ou répandait le contenu de son bol.

Le jeune de dix ans regardait tout cela en silence. Un soir, avant le souper, le père vit son fils qui s'affairait dans son atelier et il remarqua des copeaux qui jonchaient le plancher. Il lui demanda gentiment : «Qu'es-tu en train de fabriquer, fiston?»

Avec un ton aussi affable, le fils lui répondit : «Je vous fais une écuelle en bois à maman et toi pour manger dedans quand vous serez vieux.»

Les parents furent tellement surpris par ces mots qu'ils en restèrent bouche bée, bien incapables de prononcer la moindre parole. Quelques larmes jaillirent sur leurs joues. Ils ne disaient rien mais ils savaient bien… Que faire désormais?

Alors, le fils prit gentiment son père par la main et il reprit sa place à la table familiale, et ce, pour le reste de ses jours.

L'inondation

Dans son rêve, le curé d'un village entendit Dieu s'adresser à lui : «La pluie arrivera demain. Ton village sera inondé mais Je veille sur toi.»

Et comme il en avait été averti en songe, le lendemain une forte pluie se mit à tomber à torrents. Le risque d'inondation étant réel, une équipe de secours évacua tous les habitants du village en leur demandant d'abandonner leurs maisons. Tout le monde quitta les lieux, à l'exception du curé. Aux responsables de la barque de secours qui se présentèrent pour l'inciter à laisser son presbytère et à les suivre, il répliqua : «Dans mon rêve, Dieu m'a dit qu'Il veillait sur moi.»

Le surlendemain, l'eau avait atteint le premier étage des habitations. Une fois de plus, une équipe de pompiers en canot pneumatique Zodiac vint sur les lieux et tenta d'emmener le curé. De nouveau, il refusa. Il disait qu'il avait reçu un signe et qu'il lui fallait montrer au monde qu'il était un homme de foi.

Le troisième jour, la situation devint vraiment critique. Le curé était tout seul, perché sur le toit de sa maison. Une dernière équipe de secours en hélicoptère survola son presbytère et tenta de le ramener à la raison. De nouveau, il dédaigna leur offre et les renvoya en réaffirmant sa confiance dans la parole qu'il avait reçue en songe.

Peu après, l'eau engloutit les bâtiments et le curé du village mourut noyé. Comme il avait toujours été un bon chrétien, saint Pierre lui ouvrit aussitôt les portes du ciel, mais il refusa d'y entrer.

«Dieu m'a trompé, dit-il, Il m'avait promis le salut et pourtant, j'ai été le seul habitant du village à périr.»

Saint Pierre rétorqua que cela n'était pas possible, Dieu ne mentait pas et ne manquait jamais à Sa parole. Il se rendit donc au paradis demander des explications au Tout-Puissant. Une demi-heure plus tard, il revint et dit au curé : «C'est vrai, Dieu a dit qu'Il veillait sur vous. Il vous a envoyé une barque, un Zodiac et un hélicoptère, mais par trois fois, vous avez refusé Son aide.»

Chaque personne que je rencontre,
c'est Dieu vêtu d'une façon différente.

La corvée des huîtres

Un homme avait pour tâche de nettoyer la plage. Tous les jours, il ramassait une grande quantité d'huîtres échouées. Il les maudissait, car elles augmentaient considérablement sa besogne. Il les empilait donc en un énorme tas, en maugréant.

Un jour, un de ses amis lui proposa de le débarrasser de cette montagne d'huîtres qui dégageait une odeur si forte que l'homme ne pouvait plus la sentir et avait peine à respirer. Il accepta d'emblée avec reconnaissance.

Un an plus tard, les deux hommes se rencontrèrent. Son vieil ami lui fit visiter son manoir. L'homme n'en croyait pas ses yeux à la vue de toute cette richesse. Il lui demanda alors comment il avait pu accumuler une si grande fortune en si peu de temps.

L'homme riche lui répondit : «J'ai accepté le cadeau de Dieu que, chaque jour, tu refusais. Dans chacune des huîtres dégoûtantes que tu repoussais, il y avait une perle…»

Les cadeaux divins se cachent parfois au cœur même de nos ennuis !

L'acte juste

On ne détruit pas les ténèbres en luttant contre elles, mais *en allumant la lumière*. On ne détruit pas le mal en luttant contre lui, mais *en faisant le bien*. On ne détruit pas la haine ou la peur en s'acharnant contre elles, mais *en laissant monter en soi la tendresse-amour*.

C'est en allant vers l'est que l'on s'éloigne de l'ouest. C'est en allant vers plus de vie qu'on dépasse la mort. C'est en allant vers ce qui dure qu'on est libre de ce qui ne dure pas.

— Placide Gaboury, *Paroles pour le cœur*

La vache à lait

 Un paysan indien avait de gros soucis d'argent. Sa femme était malade. La récolte avait été mauvaise. Il lui fallait de l'argent pour nourrir ses enfants. Son seul bien était une vache.

Il se décida donc à monter au bourg du canton pour vendre sa vache. Chaque fois qu'il rencontrait quelqu'un, il expliquait tous ses malheurs en long et en large et concluait : « Vous ne voulez pas acheter ma vache ? »

Personne n'était intéressé. Il croisa un commerçant qui, le prenant en pitié, décida de l'aider à vendre sa vache. Il lui posa quelques questions, puis, d'une voix forte et avec enthousiasme, il se mit à vanter les mérites de la vache :

« Mesdames et messieurs, voici une occasion à ne pas laisser passer ! Cette vache produit jour après jour douze bouteilles de lait. Si elle est un peu maigre, c'est qu'en bonne reproductrice, elle vient de vêler. C'est un animal tellement exceptionnel qu'elle a gagné un prix lors de l'exposition agricole de la ville voisine. Et mon ami, ici présent, est prêt à se séparer, la mort dans l'âme, de cette bête extraordinaire à un prix ridicule parce qu'il doit faire face à une situation d'urgence. Plus jamais une telle occasion ne se représentera. »

Une foule se rassembla aussitôt autour de l'animal et de son propriétaire, et plusieurs s'enquirent du prix demandé.

« Alors, mon ami, quel est ton prix ? Nous avons ici plusieurs acheteurs sérieux », demanda le commerçant.

Le paysan se redressa et, la tête haute, il déclara avec fierté et aussi une certaine arrogance : « Cette bête est à moi. Elle a trop de valeur pour que je la vende. Je la garde... »

Il suffit parfois du regard d'un autre pour prendre conscience de la valeur de ce que nous possédons.

Vous êtes malade?

Mais qui vous empêche d'envoyer des pensées créatrices de santé à tous ceux à qui vous pensez, à tous ceux que vous rencontrez? Vous êtes pauvre? Souhaitez l'abondance à tous les êtres. Vous êtes mal aimé? Donnez à chacun en particulier et au monde entier de vivantes pensées d'amour. Vous vivez dans un milieu où tout n'est que querelles et mauvaise volonté? Émettez sans arrêt des ondes de paix, des ondes harmonieuses.

Chacune de vos pensées rejoindra le grand patrimoine de vie, de plénitude de tous les biens. Vous mettrez en action des forces vibrantes et pures, d'une efficacité toute-puissante, qui se propageront en ondes, et vous reviendront. Et vous constaterez, un jour, que certains éléments nouveaux se seront insinués dans votre propre existence. Vous commencerez par vous sentir plus calme, mieux portant, plus joyeux; vos affaires sembleront plus prospères, jusqu'au moment où les pensées de bonheur que vous aurez émises se réaliseront pour vous par des détours insoupçonnés, dont vous ne pouvez prévoir l'ampleur dans l'état où vous êtes actuellement. C'est la «loi du retour» sous sa forme la plus magnifique.

— Marcelle Auclair, *Le Livre du bonheur,* p. 88

Les anges

Les anges qui se présentent dans nos vies ne viennent pas accompagnés de tambours ou de trompettes. Ils prennent tour à tour le visage d'un ami, un parent, un enfant, un voisin, une infirmière ou même, celui d'un pur étranger.

Ils agissent à travers un conseil judicieux, un sourire chaleureux, une tape sur l'épaule, un soin particulier ou un simple mot gentil.

Ils sont présents au travail, dans le métro, à l'épicerie, à l'hôpital, où que vous soyez. Regardez bien, ils sont souvent là, tout près de vous.

L'amour, une route...

 L'amour n'est pas tout fait. Il se fait.

Il n'est pas robe ou costume prêt-à-porter, mais il est pièce d'étoffe à tailler, à monter et à coudre.

Il n'est pas appartement, livré clefs en main, mais il est maison à concevoir, à bâtir, à entretenir, et souvent à réparer.

Il n'est pas sommet vaincu, mais départ de la vallée, escalades passionnantes, chutes dangereuses, dans le froid de la nuit ou la chaleur du soleil éclatant.

Il n'est pas un solide ancrage au port du bonheur, mais levée d'ancre et voyage en pleine mer, dans la brise ou la tempête.

Il n'est pas un OUI triomphant, énorme point final qu'on écrit en musique, au milieu des sourires et des bravos, mais il est multitude de « oui » qui pointillent la vie, parmi une multitude de « non » qu'on efface en marchant.

Ainsi être FIDÈLE, vois-tu, ce n'est pas : ne pas s'égarer, ne pas se battre, ne pas tomber, c'est toujours se relever et toujours marcher. C'est vouloir poursuivre jusqu'au bout, le projet ensemble préparé et librement décidé.

C'est faire confiance à l'autre au-delà des ombres de la nuit. C'est se soutenir mutuellement au-delà des chutes et des blessures. C'est avoir foi en l'Amour tout-puissant, au-delà de l'amour.

— *Michel Quoist*

*Je t'aime comme ça, comme tu es
et j'aimerais t'aider à devenir ce que tu aspires à devenir...*

*Je m'aime comme ça, comme je suis et j'aimerais que tu m'aides
à devenir ce que j'aspire à devenir.*

Sur l'autre versant des cimes

J'ai déjà vécu beaucoup plus que la moitié de ma vie ; je sais que je suis sur l'autre versant des cimes et que j'ai plus de passé que d'avenir. Alors j'ai sagement apprivoisé l'idée de ma mort. Je l'ai domestiquée et j'en ai fait ma compagne si quotidienne qu'elle ne m'effraie plus... ou presque.

Au contraire, elle va jusqu'à m'inspirer des pensées de joie. On dirait que la mort m'apprend à vivre. Si bien que j'en suis venu à penser que la vraie mort, ce n'est pas mourir, c'est perdre sa raison de vivre. Et bientôt, quand ce sera mon tour de monter derrière les étoiles, et de passer de l'autre côté du mystère, je saurai alors quelle était ma raison de vivre. Pas avant.

Mourir, c'est savoir, enfin. Sans l'espérance, non seulement la mort n'a plus de sens, mais la vie non plus n'en a pas.

— *Doris Lussier*

Le cœur d'une souris

Une souris était constamment angoissée en raison de sa crainte du chat. Un magicien eut pitié d'elle et la transforma en chat. Mais alors, elle se mit à avoir peur du chien. Le magicien la transforma en chien. À ce moment, elle se mit à avoir peur de la panthère. Le magicien la transforma donc en panthère. Sous cette forme, elle eut très peur du chasseur.

Dans ces conditions, le magicien abandonna. Il retransforma l'animal en souris et lui dit : « Rien de ce que je fais pour toi ne pourra t'aider, puisque tu as le cœur d'une souris. »

— Anthony de Mello, *Histoires d'humour et de sagesse,* p. 76

*L'image que vous avez de vous-même déterminera
les limites de vos accomplissements futurs.*

La jarre abîmée

Un porteur d'eau indien allait joyeusement son chemin, deux grandes jarres suspendues aux extrémités d'une pièce de bois épousant la forme de ses épaules.

L'une des cruches avait une fissure alors que l'autre était parfaite.

À la fin de la longue marche du ruisseau à la maison, la cruche fêlée arrivait toujours à moitié pleine. Tout se passa ainsi, jour après jour, et pendant deux années entières, le porteur livrait seulement une cruche et demie d'eau à sa maison.

Évidemment, la cruche qui était sans faille se montrait très fière de son travail parfaitement accompli. Mais la pauvre cruche fissurée était honteuse de son imperfection, et misérable du fait qu'elle ne pouvait accomplir que la moitié de ce qu'elle était supposée produire.

Au bout de ces deux années, n'en pouvant plus, elle s'adressa au porteur d'eau : « J'ai honte de moi-même. À cause de cette fissure à mon côté, l'eau fuit tout le long du parcours lors de notre retour à votre demeure. »

Le porteur s'adressa à la cruche : « As-tu remarqué les jolies fleurs bordant seulement ton côté du sentier ? Tu sais, j'ai toujours su que tu avais une fissure et, sans que tu le saches, j'en ai tiré profit. J'ai planté des semences de fleurs en bordure du chemin et tout au long du trajet, tu les arrosais de ton eau.

« Alors, petite jarre, ne sois plus triste. Toute cette beauté n'existerait pas si tu n'avais pas eu cette craquelure ! »

Chacun a son talent, ses aptitudes...
Chacun peut créer des œuvres à sa mesure.

Êtes-vous debout à l'intérieur?

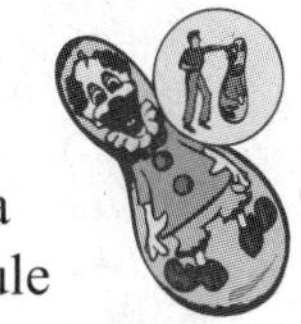

Un garçon se promène dans un grand magasin avec sa mère. Il se rend au rayon des jouets et aperçoit un clown monté sur un ballon. Sa mère le laisse jouer et va regarder un autre rayon. Il pousse le clown, celui-ci bascule et remonte. Il le pousse plus fort, même chose.

Étonné, il le renverse de toutes ses forces, d'un grand coup, avec ses deux poings. Le clown titube, tombe à terre et, à l'ébahissement du gamin, remonte et se relève.

Sa maman arrive et voit sa stupeur. Elle lui demande : « À ton avis, pourquoi se relève-t-il lorsque tu le frappes, même du plus fort que tu peux ? »

Le gamin réfléchit un moment, puis répond : « Je ne sais pas. C'est sans doute parce qu'il est toujours debout, à l'intérieur ! »

Et vous, êtes-vous ou non, debout à l'intérieur de vous-même ?

Un pas vers la guérison...

❀ *Les maladies sont des questions posées.*

❀ *Le meilleur moyen de guérir est de se considérer comme déjà guéri.*

❀ *Libérer l'âme du ressentiment est le premier pas vers la guérison.*

❀ *« On ne doit pas chercher à guérir le corps sans chercher à guérir l'âme. »* (Platon)

❀ *Les meilleurs médecins sont le docteur Diète, le docteur Tranquille et le docteur Joyeux.*

❀ *La souffrance est un correctif qui met en lumière la leçon que nous n'aurions pas comprise par d'autres moyens et elle ne peut jamais être éliminée tant que cette leçon n'a pas été apprise.*

Un sourire

Savez-vous pourquoi Dieu mit sur vos lèvres cette chose délicieuse qui s'appelle un sourire ?

C'est que, dans son infinie bonté, Il savait à quel point les âmes, lorsque troublées, pourraient en avoir besoin.

N'avez-vous jamais songé à tout ce qu'un sourire peut renfermer de force consolatrice, d'amicale approbation ou de douce protection ?

Le sourire prend à l'âme ce qu'elle a de meilleur, de plus vrai...

Sourire d'amour qui laisse aux lèvres un pli gracieux et jeune, et s'éternise en une expression de joie immense ; sourire qui se prolonge indéfiniment et qui contient plus de signification ardente que des mots touchants.

Sourire d'amitié qui dit si bien la tendresse émue et dévouée d'un cœur sincère.

Sourire de compassion qui met un baume sur la blessure ouverte.

Qui de nous, à certains moments de la vie, ne s'est pas senti plus fort au souvenir de cette expression caressante, pleine d'encouragement et d'approbation qu'est le sourire ?

Si donc, vous rencontrez sur votre chemin un homme trop las pour vous donner un sourire, laissez-lui le vôtre. Car nul n'a plus besoin d'un sourire que celui qui n'en a point à offrir.

« Nous voulons tous être aimés, à défaut d'être admirés ; nous voulons être redoutés, à défaut d'être haïs et méprisés. Il importe avant tout d'éveiller une émotion chez autrui, quelle qu'elle soit. L'âme frissonne devant le vide et recherche le contact à n'importe quel prix. »

— *Hjalmar Söderberg*

Une question de choix!

Jerry est gérant dans la restauration à Philadelphie. Il est toujours de bonne humeur et a sans cesse quelque chose de positif à dire. Quand on lui demande comment il va, il répond toujours : «Si j'allais mieux que ça, nous serions deux, mon jumeau et moi!»

Quand il décide de changer d'emploi, plusieurs serveurs et serveuses sont prêts à laisser leur boulot pour le suivre d'un restaurant à un autre, et ce, pour la seule raison qu'ils admirent son attitude. Il est un motivateur-né. Quand un employé file un mauvais coton, Jerry est toujours là pour lui faire voir le bon côté des choses. Curieux, je suis allé voir Jerry un jour pour tenter d'en savoir davantage : «Je ne comprends pas quel est ton secret. Il n'est pas possible d'être toujours positif comme tu l'es, partout, tout le temps. Comment fais-tu?»

Et Jerry de répondre : «Tous les matins à mon réveil, je me dis qu'aujourd'hui, ou bien je choisis d'être de bonne humeur, ou bien je choisis d'être maussade toute la journée. Je choisis donc toujours d'être de bonne humeur. Quand survient un incident déplorable, ou bien je choisis d'en être la victime, ou bien je choisis d'en tirer une leçon. Quand quelqu'un vient se plaindre à moi, ou bien je choisis d'entendre sa plainte, ou bien j'essaie de lui faire voir le bon côté de la situation.

— Mais ce n'est pas toujours facile, lui dis-je.»

Et Jerry d'enchaîner : «La vie, c'est une question de choix. On choisit sa façon de réagir aux circonstances de la vie. On choisit de quelle façon les autres peuvent nous influencer ou non. On choisit d'être de bonne humeur ou de mauvaise humeur. On choisit de vivre sa vie de la manière qui nous convient.»

✻ *Si la vie vous donne un citron, faites-en une limonade.*

✻ *Le monde dans lequel vous vivez est le miroir de votre attitude.*

✻ *L'attitude est contagieuse... Est-ce que la vôtre mérite d'être attrapée?*

Question de perspective

Un jour, le père d'une famille très riche amena son fils passer quelques jours sur la ferme d'une famille modeste afin de lui montrer comment vivaient les gens pauvres. Au retour, il lui demanda s'il avait aimé son séjour.

« C'était fantastique, papa !

— As-tu vu comment vivent les gens pauvres ?

— Ah oui ! répondit le fils.

— Alors, qu'as-tu appris ? »

Le fils lui répondit : « J'ai vu que nous n'avions qu'un chien alors qu'ils en ont cinq. Nous avons une piscine qui fait la moitié du jardin alors qu'eux ont une grande crique d'eau dans une côte rocheuse. Nous avons des lanternes dans notre jardin et eux, des étoiles partout dans le ciel.

« J'ai vu que nous avions un domaine, mais eux possèdent des champs à perte de vue. Nous avons des serviteurs alors qu'eux servent les autres. Nous achetons nos denrées et eux les cultivent. Nous avons des murs autour de notre propriété pour nous protéger. Eux ont des amis qui les protègent. »

Le père resta muet. Le fils rajouta : « Merci, papa, de m'avoir montré tout ce que nous n'avions pas. »

❀ *C'est l'esprit qui rend l'homme heureux ou malheureux, riche ou pauvre.*

❀ *Prétendre contenter ses désirs par la possession, c'est compter étouffer le feu avec de la paille.*

❀ *Le succès, c'est d'avoir ce que vous désirez. Le bonheur, c'est d'aimer ce que vous avez.*

Les symptômes de la paix intérieure

Voici, selon le Dr Christian Tal Schaller, quelques symptômes de la paix intérieure :

1. Tendance à penser et à agir spontanément, guidé par son intuition personnelle plutôt que conditionné par les expériences et les peurs du passé.

2. Une grande capacité à apprécier chaque moment.

3. Un manque total d'intérêt pour juger les autres.

4. Un manque total d'intérêt pour interpréter les actions des autres.

5. Un manque total d'intérêt pour se juger soi-même.

6. Un manque total d'intérêt pour tout ce qui est conflictuel.

7. Une perte totale de la capacité de se faire du souci.

8. Des épisodes fréquents et intenses d'appréciation de la vie en général et de soi-même en particulier.

9. Des sentiments très agréables d'unité avec les autres et avec la nature.

10. Des sourires à répétition, de cette sorte de sourire qui vient du cœur et passe à travers les yeux.

11. Une tendance croissante à laisser les choses se produire plutôt qu'à essayer de les forcer à se produire.

12. Une capacité de plus en plus grande à aimer les autres aussi bien que soi-même et une envie d'aimer de plus en plus forte.

Si vous présentez un ou plusieurs des symptômes mentionnés ci-dessus, sachez que vous éprouvez des symptômes de la paix intérieure et que votre état est probablement irréversible.

Le désarmement extérieur passe par le désarmement intérieur.
Le seul vrai garant de la paix est en soi.

Gardez votre fourchette !

Il était une fois une jeune femme atteinte d'une maladie mortelle. Elle demanda donc à un prêtre de venir la voir afin de régler les détails de ses funérailles. Lorsque celui-ci s'apprêtait à partir, la jeune femme se souvint soudainement de quelque chose de très important pour elle.

« J'aimerais vous préciser une autre de mes dernières volontés, dit-elle tout excitée. Je veux être enterrée avec une fourchette dans ma main droite. Cela vous surprend, n'est-ce-pas ? demanda la jeune femme.

— Votre requête me laisse perplexe », dit le prêtre.

La jeune femme expliqua alors : « Durant toutes mes années de participation aux repas lors d'événements sociaux, je me souviens que quelqu'un se penchait inévitablement pour me dire : "Gardez votre fourchette". C'était mon moment préféré, car je savais que quelque chose de mieux s'en venait... comme du gâteau mousse au chocolat ou une tarte aux pommes.

« Quand les gens me verront dans mon cercueil avec une fourchette à la main, je veux simplement qu'ils se demandent : *"Pourquoi cette fourchette ?"* et ainsi vous pourrez leur dire : "Gardez votre fourchette... le meilleur est à venir !" »

Les yeux du prêtre se remplirent de larmes de joie ; il savait que cette jeune femme avait une bien meilleure idée du paradis que lui, elle savait que quelque chose de mieux s'en venait.

Aux funérailles, les gens défilaient devant la tombe de la jeune femme et voyaient la fourchette dans sa main droite. Tour à tour, ils demandaient au pasteur : « Pourquoi la fourchette ? »

Et chaque fois, le prêtre souriait.

Au moment du sermon, il leur raconta l'histoire de cette fameuse fourchette...

Il faut comprendre la mort pour ne pas laisser de place à la tristesse.

Quel âge avez-vous?

Pour découvrir l'âge de quelqu'un, il suffit de
mesurer sa joie!

Si nous n'aimons plus les fleurs, les arbres, les oiseaux;
Si nous ne rions plus de bon cœur;
Si rien de nouveau ne nous intéresse;
Si nous n'osons plus rien entreprendre;
Si nous nous plaignons au lieu de nous donner;
Si nous critiquons au lieu d'agir;
Si nous envions au lieu d'admirer;
Si nous donnons la priorité à notre confort plutôt qu'à un service à
rendre...

*Alors, nous ne sommes plus jeunes, nous sommes très vieux, et la joie
ne nous habite plus. Mais...*

Si nous sommes apaisés et rayonnants;
Si nos yeux sont pleins de lumière;
Si nos oreilles sont pleines de mélodies;
Si notre cœur est grand ouvert;
Si nous sommes plus attentifs aux autres et enclins à l'amitié...

Alors, quel que soit notre âge, nous sommes en pleine jeunesse!

Comme le ciel bleu...

Soyez comme le ciel bleu qui regarde passer les nuages.
Ces nuages sont constamment changeants, illusoires,
éphémères. Aujourd'hui, ils sont là; demain, ils seront partis.

Nos peines, nos difficultés sont comme ces nuages. Aujourd'hui, elles
sont là; demain, elles seront parties.

Vous êtes le ciel bleu, regardez passer ces nuages et laissez-les aller, ils
ne vous appartiennent pas. Soyez heureux, vous êtes le ciel bleu, vous
n'êtes pas le nuage.

Le billet de 20 $

Un orateur bien connu commença son séminaire en montrant un billet de 20 $. « Parmi les 200 personnes de cette assemblée, demanda-t-il, qui voudrait ce billet de 20 $? »

Des mains se levèrent. Il dit : « Je vais donner ces 20 $ à l'un d'entre vous, mais d'abord, je vais faire ceci. » Et il se mit à froisser le billet entre ses mains. « Qui le veut encore ? », demanda-t-il ? Toutes les mains se levèrent.

« Bien, dit-il, et si je fais ceci ? » Il le jeta sur le sol et commença à le piétiner, à l'écraser avec sa chaussure. Puis il le ramassa, tout sale et fripé.

« Et maintenant, qui le veut encore ? » Les mains étaient toujours dressées. « Mes amis, vous venez tous d'apprendre une grande leçon, dit-il calmement. Quoi que j'aie fait à ce billet, vous souhaitez toujours l'avoir parce qu'il n'a pas perdu de sa valeur. Il vaut encore 20 $.

« Il en est de même pour nous. Maintes fois dans notre vie, nous tombons, nous sommes malmenés, nous mordons la poussière à cause des décisions que nous prenons et des circonstances qui jalonnent notre chemin. Nous avons alors l'impression de ne plus rien valoir. Mais quoi qu'il arrive, nous ne perdons jamais notre valeur aux yeux de ceux qui nous aiment.

« La valeur de notre vie ne réside pas tant dans ce que nous faisons ou dans ce que nous connaissons, mais avant tout dans ce que nous sommes ! Vous êtes spéciaux. Ne l'oubliez jamais ! »

❀ *Vous valez aux yeux des autres ce que vous croyez valoir à vos propres yeux.*

❀ *Avoir de la considération pour soi vous attire celle des autres.*

Le bedeau

Un jour, dans une paroisse, un jeune homme apprit que le bedeau venait de décéder. Il se vanta à tout le monde qu'il pourrait lui succéder parce qu'il était grand et fort.

Il se dépêcha d'aller voir son curé. Ce dernier lui fit passer un examen comme aux autres aspirants à ce poste, mais il dut refuser sa candidature, car notre bougre avait de la difficulté à lire et à écrire, n'ayant jamais terminé sa première année scolaire.

Déçu et humilié, il s'exila dans une grande ville avec l'intention bien arrêtée de prouver à tous qu'il pourrait réussir dans la vie.

Après une cinquantaine d'années d'efforts soutenus, on vanta ses mérites à travers le monde, ses talents furent reconnus et enfin récompensés. Une fête fut même organisée en son honneur.

À la fin de cet événement, un journaliste lui demanda quel était son niveau d'instruction, lui qui avait réalisé tant de choses. Il répondit qu'il n'avait même pas complété sa première année. Le journaliste reprit alors : « Imaginez ce que vous auriez pu faire si vous aviez été instruit ! »

La réponse ne se fit pas attendre : « Si j'avais été instruit, je serais peut-être devenu bedeau. »

Le succès vient autant de l'attitude, que des aptitudes.

Le vaisseau spatial Terre

Nous ne pourrons plus réussir pendant longtemps à manœuvrer le vaisseau spatial Terre si nous ne le voyons pas comme un bâtiment entier, si nous ne considérons pas notre destin comme un destin commun. Ce sera nous tous ou personne.

Il possède les ressources suffisantes pour prendre soin de 100 % de l'humanité, mais encore faut-il le piloter avec soin !

— *Buckminster Fuller*

Ce que je peux, ce que je ne peux pas...

 Je t'ai donné la vie, mais je ne peux pas la vivre à ta place.

Je peux t'enseigner des choses, mais je ne peux pas t'obliger à les apprendre.

Je peux te fournir des indications, mais je ne peux pas être toujours à tes côtés pour te guider.

Je peux t'accorder la liberté, mais je ne peux pas être tenu responsable de ce que tu en fais.

Je peux t'apprendre à discerner le bien du mal, mais je ne peux pas toujours décider pour toi.

Je peux t'acheter de beaux vêtements, mais je ne peux pas te rendre beau intérieurement.

Je peux t'enseigner l'amitié, mais je ne peux pas faire de toi un ami.

Je peux t'apprendre à partager, mais je ne peux pas faire de toi un être généreux.

Je peux t'enseigner le respect, mais je ne peux pas te contraindre à être respectueux.

Je peux t'apprendre les choses de la vie, mais je ne peux pas bâtir ta réputation.

Je peux te parler d'alcool, mais je ne peux pas dire non à ta place.

Je peux te parler de nobles ambitions, mais je ne peux pas les réaliser pour toi.

Je peux t'enseigner la bonté, mais je ne peux pas pas t'obliger à être bienveillant.

---

*La seule façon de comprendre l'amour de ses parents
est d'élever soi-même des enfants.*

La dernière corde

Un soir de concert, le célèbre violoniste Niccolo Paganini jouait avec tant de fougue, qu'une corde se rompit, la plus fine, la chanterelle. Imperturbable, il continua de jouer. Une deuxième corde se brise, puis une troisième. Le morceau tire à sa fin. Frénétiquement applaudi, Paganini termine en beauté avec l'unique corde qui reste, la plus grosse, cette corde de sol qu'on appelle le bourdon.

Au crépuscule de la vie, une à une nos cordes se cassent : jambes faibles, mémoire capricieuse, levers difficiles, mobilité réduite, fatigue du soir. Combien de temps encore pourrons-nous jouer le concerto de notre vie ?

À l'instar d'un Paganini étincelant jusqu'au bout, on peut faire entendre de belles choses avec les cordes qui nous restent. Il faut entretenir avec elles une grande amitié plutôt que de trop penser aux cordes disparues.

Chère vieille corde de sol. La dernière, la plus grave. Corde de la patience courageuse, de la sagesse, de la bonté, de l'expérience, des amitiés semées, des appels de Dieu. Que de notes peuvent jaillir de la dernière corde !

C'est cela qu'on attend de nous. Une petite musique de paix, d'amour et d'humour. Prédication silencieuse, mais si parlante, sur l'espérance.

— André Sève, *Pour accueillir le soir*

*« Lorsque la porte du bonheur se ferme, une autre s'ouvre.
Pourtant, nous observons si longtemps et avec tant de
regrets la porte fermée que nous ne voyons pas celle
qui vient de s'ouvrir devant nous. »*

Helen Keller

Ralentissez votre rythme

Avez-vous déjà observé des enfants sur un carrousel ou encore, écouté un oiseau gazouiller? Avez-vous déjà suivi un papillon volant gaiement ou bien admiré un coucher de soleil dans toute sa magnificence?

Vous devriez vous y arrêter. Ne dansez pas trop vite car la vie est courte. La musique ne dure pas éternellement.

Est-ce que vous courez toute la journée, toujours pressé? Lorsque vous demandez à quelqu'un : «Comment ça va?», prenez-vous le temps d'écouter la réponse?

Lorsque la journée est terminée, vous étendez-vous sur votre lit avec 100 000 choses à faire qui vous trottent dans la tête?

Avez-vous déjà dit à votre enfant : «Nous le ferons demain» et l'avez remis au surlendemain?

Avez-vous déjà perdu contact avec un ami ou encore, laissé une amitié mourir parce que vous n'aviez jamais le temps d'un petit bonjour?

Lorsque vous vous précipitez pour vous rendre quelque part, vous manquez la moitié du plaisir d'y être.

Lorsque vous vous inquiétez et vous faites du souci toute la journée, c'est comme un cadeau non ouvert que vous jetteriez.

La vie n'est pas une course, ralentissez votre rythme et prenez le temps d'écouter la musique avant que la chanson ne soit terminée.

«Je travaille trop. Mon épouse me manque.
Mes enfants trouvent que je suis un pauvre type.

— Hé! réveille-toi! Personne n'a dit sur son lit de mort
qu'il aurait dû consacrer plus de temps à son travail!»

— Barry Spilchuk

Les semences

Deux frères étaient paysans. Or, le fils aîné avait toujours de plus belles récoltes que son frère. Il ramenait souvent dans sa grange des graines étranges qu'il cachait dans un coffre fermé à clé.

Son frère jaloux l'épiait et se dit : *« Ce doit être des graines magiques que mon frère utilise pour avoir de si bonnes récoltes. Je vais toutes les voler et les semer, et on verra bien qui de nous deux aura la plus belle récolte. »*

Quelque temps plus tard, les graines se mirent à germer puis à pousser rapidement, tellement vite en fait qu'elles envahirent tout son terrain en un rien de temps. Ce n'était toutefois pas une céréale magique qui poussait, mais des ronces épaisses et très épineuses, et bientôt, il ne put pénétrer dans son champ.

Alors qu'il se morfondait sur son sort, son frère vint le trouver et lui dit : «Pauvre de toi, tu as cru en la facilité et tu récoltes la difficulté. Tu as volé les graines que je ramassais pour éviter qu'elles ne détruisent nos récoltes. Ton avidité a été plus forte que ton courage.

«Il en est de même pour tout. Si tu ne connais pas l'origine d'une phrase, ne la répète pas. Tu sèmerais alors peut-être des mensonges et tu pourrais récolter de la haine.

«Ainsi, si tu ne connais pas la profondeur d'un sentiment, n'en parle pas. Tu sèmerais alors des émotions d'espoir et tu pourrais récolter des flots de tristesse.

«En toute chose, vérifie d'abord la qualité de ce que tu sèmes et alors tes récoltes seront belles, abondantes et te nourriront pour toujours. »

« Comme tu auras semé, tu moissonneras. »
Proverbe latin

La porte noire

Il était une fois un roi très critiqué pour ses actes barbares. Après avoir fait prisonniers ses ennemis, il les conviait dans une salle et leur criait : «Je vais vous donner une dernière chance. Regardez à droite.»

Tous tournaient la tête vers une rangée de soldats armés d'arcs et de flèches, prêts à leur tirer dessus.

«Maintenant, disait le roi, regardez tous à gauche.»

Dans cette direction, se trouvait une gigantesque porte noire, incrustée de morceaux de cadavre en putréfaction. Une porte d'aspect infernal qui les faisait frissonner d'horreur.

«Écoutez-moi tous, disait le roi d'une voix retentissante. Que désirez-vous le plus ? Mourir transpercés par les flèches de mes archers ou bien tenter votre chance et passer le seuil de la porte noire ?»

Les prisonniers, craignant le pire, choisissaient tous de mourir sous les flèches.

Lorsque la guerre fut terminée, un soldat faisant autrefois partie du peloton d'exécution, interrogea le roi. «Grand roi, je me suis toujours demandé ce qu'il y avait derrière la porte noire ?»

Le roi répondit : «Tu te souviens que je donnais toujours le choix aux prisonniers ? Ils pouvaient pousser la porter ou opter pour une mort certaine. Eh bien, toi, va ouvrir la porte noire !»

Frémissant, le soldat s'exécuta. Un pur rayon de soleil balaya le sol dallé de marbre. Une lumière vive, provenant d'un paysage verdoyant, inonda la salle. Le soldat vit un chemin qui montait au milieu des arbres. Et il comprit alors que ce chemin était celui de la liberté !

～～～～～～～～～～～～～～～～～～

La crainte du danger est mille fois plus terrifiante que le danger présent ; et l'anxiété que nous cause la prévision du mal est plus insupportable que le mal lui-même.

Tirer profit de ses expériences

Deux chasseurs affrétèrent un avion pour se rendre dans une forêt éloignée en donnant la consigne au pilote de revenir les chercher. Deux semaines plus tard, le pilote vint les reprendre. Il jeta un coup d'œil sur les animaux qu'ils avaient tués et dit : « Mon avion ne peut pas prendre plus qu'un bison sauvage. Vous allez être obligés de laisser l'autre ici.

— Mais l'an dernier, le pilote nous a permis d'en emporter deux dans un avion comme celui-ci », protestèrent les chasseurs. Le pilote hésita, puis finit par dire : « Bon, si vous l'avez fait l'an dernier, je suppose qu'on peut le faire de nouveau. »

L'appareil s'envola donc avec les trois hommes et les deux bisons. Mais il ne put prendre d'altitude et s'écrasa sur une colline avoisinante. Les hommes sortirent de l'avion et regardèrent autour. L'un des chasseurs dit à l'autre : « Je pense qu'on se trouve à peine quelques kilomètres à gauche de l'endroit où on s'est écrasés l'année dernière…»

N'ayez pas peur de prendre des risques et de faire des erreurs,
pourvu que vous ne fassiez pas deux fois la même !

La vraie richesse

Un soir, au dîner, un homme et une femme parlaient de plusieurs de leurs amis riches : leurs demeures somptueuses, leurs voitures de luxe et leurs merveilleuses vacances. Semblant un peu découragée de leur modeste condition, la femme dit à son mari : « Un jour, nous serons riches. » Il saisit sa main et répondit : « Chérie, nous sommes déjà riches. Un jour, nous aurons de l'argent. »

❀ *Il est préférable d'avoir une âme riche que d'être riche.*

❀ *La seule richesse est celle qui consiste à savoir dompter ses désirs.*

Les habits du sage

Un roi, ayant entendu parler d'un sage dont l'enseignement était réputé dans la région, décida de l'inviter à dîner. Le jour précédant la réception, le sage se présenta au palais dans l'habit de mendiant qu'il portait habituellement parmi ses disciples.

Il cogna, entra, mais avant même qu'il n'eut le temps d'ouvrir la bouche, les pages du roi le dirigèrent vers les cuisines où on lui offrit quelques restes. Le sage ne dit rien et s'en alla comme il était venu.

Le lendemain, il revint chez le roi, cette fois-ci vêtu de son plus beau costume : on lui assigna tout de suite une place d'honneur au milieu des convives de haut rang. Les serviteurs apportèrent les plats, et à la grande surprise de tout le monde, le sage prit la nourriture dans ses mains et en fit une boule qu'il mit dans ses poches. Le roi choisit de ne rien dire.

On apporta finalement le dernier plat, le sage plongea sa main dedans et en retira une pleine poignée de riz qu'il répandit sur son manteau en disant : « Tiens, c'est pour toi ! »

Le roi, n'y tenant plus, lui lança : « Serais-tu devenu fou, toi que l'on dit si sage ? »

Après un long silence, le vieux sage répondit : « Je me suis présenté chez toi hier dans mon habit de mendiant et on m'a donné les restes, comme à un chien. Aujourd'hui, j'arrive richement vêtu et on m'honore. Puisque c'est mon manteau que l'on invite, il est normal que ce soit lui qui se nourrisse. »

❋ *Ne jugez jamais l'arbre à l'écorce.*

❋ *Les plus beaux oiseaux sont souvent les pires chanteurs.*

❋ *Juger une personne selon son apparence, c'est comme juger d'un livre par sa reliure.*

L'amour prend naissance en soi...

Si je souffre du fait que quelqu'un ne m'aime pas suffisamment, ce n'est pas son manque d'amour qui me fait souffrir, c'est plutôt mon manque d'amour envers moi-même, c'est le manque de générosité que je m'accorde personnellement qui crée cette peine.

Ne sachant pas m'aimer suffisamment, j'en réclame auprès des autres ; je m'invente des attentes qui ne seront jamais comblées. Je cherche cet amour à l'extérieur de moi. Cela signifie que mon amour pour moi-même est déficient.

Prends grand soin de toi car l'amour prend naissance en toi. Pour pouvoir le partager, tu dois d'abord le nourrir respectueusement sans t'apitoyer sur tes malheurs.

Accorde-toi tout l'Amour que Dieu lui-même T'accorderait, dans Son infinie bonté. Pardonne-toi tes erreurs. Donne-toi toujours une seconde chance comme celle que tu alloues aux autres. Sois patient avec toi-même et aime-toi avec compassion.

La vraie puissance

Bouddha fut un jour menacé de mort par un bandit. Toutefois, avant d'être exécuté, il put exprimer un dernier souhait.

« J'aimerais que vous coupiez la branche de cet arbre. »

En un coup d'épée, ce fut fait. « Et maintenant ?, de s'enquérir le truand.

— Remettez-la à sa place ! dit Bouddha.

— Mais vous êtes fou de penser qu'on puisse faire ça !

— Au contraire, c'est vous qui êtes insensé de croire que vous êtes puissant parce que vous pouvez détruire. C'est là le lot des faibles. Les puissants, quant à eux, savent comment créer et guérir. »

Pardonner?

Votre vie est truffée de combats à mener, de défis à relever et d'efforts à déployer. Chaque jour, même si vous ne vous en rendez pas compte, vous vous rapprochez de vos objectifs. Mais attention! Vous pouvez avoir un ennemi capable de détruire sans pitié TOUT ce que vous avez construit au fil des années avec tant de soin et d'application. Je veux parler du ressentiment.

Avoir du ressentiment, c'est comme de boire soi-même un poison pour essayer d'empoisonner l'autre. Au moment où la douleur la plus vive s'estompe, la rancœur s'installe. Elle s'envenime, comme une plaie ouverte qui ne veut pas guérir.

Le ressentiment est un monstre. Il peut prendre les proportions que vous lui donnez : vous pouvez l'alimenter de vos pensées et de votre apitoiement sur vous-même. Plus il se développe, plus votre vie en est affectée.

Et pourtant, l'énergie que vous investissez dans ce fantôme de votre esprit est la même que celle que vous pourriez utiliser pour réaliser vos rêves et vivre la vie pleine et entière que vous méritez.

Celui qui ne pardonne pas s'isole de plus en plus, sa rancœur l'empêche de goûter pleinement aux fruits de la vie. Avec la rancœur, tout devient négatif, et se retrouve comme embrumé par les vapeurs du tourment de l'amertume.

Est-ce celui qui souffre de rancœur qui mérite le plus notre admiration? Ne serait-ce pas plutôt CELUI QUI PARDONNE? Tout ce qu'obtient celui qui se venge, c'est de fixer à jamais sa douleur impitoyable dans son inconscient.

La meilleure vengeance, c'est en somme de prendre sa revanche. Elle consiste à «laisser tomber», à lâcher prise, à renoncer à cette aigreur qui intoxique le cœur afin de poursuivre sa route, débarrassé du poids de la rancune et de choisir de construire plein d'espoir plutôt que de se laisser détruire par la désespérance.

Le pardon est un cadeau que vous vous faites à vous-même. C'est une offrande de paix, un soulagement. C'est de prendre la décision d'ouvrir les yeux sur la lumière au lieu de rester cantonné dans l'obscurité, de marcher allégrement et avec confiance vers cette lumière bienfaisante, vers le meilleur de votre vie et de vous-même.

N'accordez pas votre pardon à quelqu'un dans l'espoir secret de le voir changer. Votre démarche serait alors beaucoup moins altruiste. Acceptez le fait qu'il ne sera jamais comme vous le souhaitez, cela ne dépend pas de vous. Vous avez donné à un autre le pouvoir de vous rendre malheureux. Reprenez-lui ce pouvoir. Pardonnez-lui, et vous reviendra en force votre immense capacité d'édifier en vous les assises de votre propre tranquillité d'esprit.

❁ *Ne cherchez pas la faute, mais le remède.*

❁ *Voulez-vous être heureux un court instant? Vengez-vous. Voulez-vous l'être pour toujours? Pardonnez.*

❁ *Nos ennemis, ce ne sont pas ceux qui nous haïssent, mais ceux que nous haïssons...*

Visualisez votre réussite

Dans la vie, vous êtes l'unique responsable de tout ce que vous vivez et expérimentez. Qu'il s'agisse de votre humeur, de votre caractère ou de votre situation sociale, tout ceci n'est en réalité qu'une image projetée de ce que vous pensez au plus profond de vous-même.

Désormais, ne jetez plus le blâme sur les autres et ne vous épuisez pas à essayer de les transformer. Acquérez plutôt une attitude de confiance et d'optimisme vis-à-vis la vie, en visualisant bien fort votre succès et votre réussite avec toute la foi, la détermination, la ferveur et la persévérance dont vous êtes capable.

Entrevoyez la défaite, et l'échec sera votre récompense. Pensez et imaginez le succès, et vous réussirez. C'est d'ailleurs là votre plus grande liberté, vous seul avez le pouvoir de choisir vos pensées.

L'amour,
c'est le grand secret de la vie

Il transcende la peur et l'isolement, vous escorte au-delà des hauts-fonds des mouvements de l'âme vers le rivage illimité de l'être.

L'amour ne dure pas seulement grâce aux paroles et aux émotions, mais grâce aux actions qui vous amènent, au-delà des intérêts égocentriques, au-delà de la raison et des motifs, à accueillir à bras ouverts tous les gens, toutes les choses et toutes les situations.

La bienveillance commence par de petites choses, dans des moments de prise de conscience et d'humilité, au cœur de votre âme qui a soif de communier dans l'amour, un amour qui se trouve juste de l'autre côté de la porte qui donne sur votre cœur.

Vous n'êtes pas venu ici pour rencontrer votre essence divine. Vous êtes venu ici pour devenir cette essence divine.

– Dan Millman, *Chaque jour, l'illumination*, p. 375

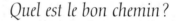

Quel est le bon chemin ?

Il était une fois un jeune homme qui se promenait dans un boisé merveilleux. Or, voici qu'en marchant, il se retrouva à une croisée des chemins. Il s'arrêta, indécis, se demandant s'il devait aller à droite ou à gauche. Apercevant soudain un lièvre qui lui semblait très sage, il courut vers lui et lui dit : « Aidez-moi, je voudrais savoir quel chemin prendre ? »

Le lièvre lui demanda alors : « Où veux-tu aller ? » Le jeune homme haussa les épaules et déclara : « Je ne sais pas ! » Alors le lièvre répliqua : « Eh bien, cher ami, tu peux prendre l'un ou l'autre chemin, les deux te mèneront dans la bonne direction. »

Je suis reconnaissant...

❋ À l'adolescent qui se plaint de la vaisselle à faire, car cela signifie qu'il est à la maison et non dans la rue ;

❋ Aux impôts que je paie, car cela signifie que j'ai des revenus ;

❋ Au ménage à faire après un party, car cela signifie que j'étais entouré d'amis ;

❋ À mes vêtements qui sont un peu trop serrés, car cela signifie que je mange à ma faim ;

❋ À la pelouse qui a besoin d'être tondue, aux fenêtres à nettoyer et aux gouttières qui ont besoin d'être fixées, car cela signifie que j'ai un toit ;

❋ Aux plaintes faites à nos gouvernements, car cela signifie que nous avons la liberté d'expression ;

❋ Au dernier stationnement que j'ai trouvé au bout de la cour, car cela signifie que je suis capable de marcher ;

❋ À ma grosse facture de chauffage, car cela signifie que je suis au chaud ;

❋ À la personne assise derrière moi à l'église et qui chante faux, car cela signifie que j'entends ;

❋ À ma pile de linge à nettoyer et à presser, car cela signifie que j'ai des vêtements à porter ;

❋ À l'épuisement et à la douleur musculaire à la fin de la journée, car cela signifie que je suis capable de travailler dur physiquement ;

❋ À la sonnerie de mon réveille-matin, car cela signifie que je suis vivant.

Combien valez-vous en tant qu'être humain ?
Échangeriez-vous vos bras contre 500 000 $?
Vos yeux contre un million de dollars ?

Mourir, ce n'est pas finir...

...c'est continuer autrement. Un être humain qui s'éteint, ce n'est pas un mortel qui finit, c'est un immortel qui commence. La tombe est un berceau et le dernier soir de notre vie temporelle est le premier matin de notre éternité.

La mort, ce n'est pas une chute dans le noir, c'est une montée dans la lumière. Quand on a la vie, ce ne peut être que pour toujours. La mort ne peut tuer ce qui ne meurt pas. Or, notre âme est immortelle et il n'y a qu'une chose qui puisse justifier la mort, c'est l'immortalité.

Mourir au fond, c'est peut-être aussi beau que naître. «Le soleil couchant n'est-il pas aussi beau que le soleil levant? Un bateau qui arrive à bon port, n'est-ce pas un événement heureux?»

Et si naître n'est qu'une façon douloureuse d'accéder au bonheur de la vie, pourquoi mourir ne serait-il pas qu'une façon douloureuse de devenir heureux?

— *Doris Lussier*

Ne vous inquiétez plus...

❋ *S'inquiéter, c'est abuser du merveilleux cadeau divin qu'est l'imagination.*

❋ *Ça ne sert à rien d'ouvrir votre parapluie avant que la pluie ne tombe.*

❋ *L'espoir est comme un phare. Il n'arrête pas la tourmente, mais il guide toujours dans la bonne direction.*

❋ *Aujourd'hui est le lendemain dont vous vous inquiétiez hier, et vous voyez, tout va très bien.*

❋ *L'inquiétude est comme une chaise berçante. Elle vous donne quelque chose à faire mais ne vous mène nulle part.*

Les amitiés au fil de la vie

Les amis entrent dans notre vie pour une raison, une saison ou la vie entière.

Celui qui passe dans notre vie pour une RAISON ? C'est généralement pour combler un besoin que nous exprimons (consciemment ou non). Il est là pour nous aider à traverser des difficultés, pour nous fournir des pistes ou nous guider et nous soutenir, pour nous aider physiquement, émotionnellement ou spirituellement. Il est là parce que nous en avons besoin.

Un jour, sans que nous n'y ayons la moindre part de responsabilité, cette personne fera ou dira quelque chose qui brisera le lien. Peut-être mourra-t-elle ou partira-t-elle, peut-être agira-t-elle de telle manière que nous ne pourrons continuer de cheminer à ses côtés. Ce que nous devons réaliser alors, c'est que notre besoin a été comblé, notre désir satisfait, qu'il n'y a plus de raison de cheminer ensemble et qu'il devait être temps de se séparer.

Celui qui entre dans notre vie pour une SAISON ? Parce que notre tour est venu de partager, d'évoluer ou d'apprendre. Il nous apporte un sentiment de paix, ou nous fait rire. Il se peut qu'il nous fasse découvrir quelque chose de nouveau, ou nous fasse faire quelque chose dont nous nous sentions incapable ? Celui-là nous apporte généralement une somme immense de joies. Mais ce n'est que pour une saison.

Ceux qui sont là pour la VIE ENTIÈRE ? Ceux-là nous forgent pour la vie, nous aident à construire nos bases émotionnelles.

Notre tâche est d'accepter les leçons, d'aimer et de mettre ce que nous en avons reçu et appris dans les autres relations qui émaillent et en-richissent notre vie.

✺ *Un ami, c'est quelqu'un qui sait tout de vous et qui vous aime quand même.*

✺ *Le plus difficile dans la vie n'est pas d'être avec ses amis quand ils ont raison, mais bien quand ils ont tort.*

Pas de temps à perdre...

Il y avait foule dans la salle d'attente du médecin. Un homme âgé se leva et s'approcha de la réceptionniste.

«Madame, dit-il poliment, mon rendez-vous était pour dix heures et il est presque onze heures. Je ne puis plus attendre. Pouvez-vous me donner un rendez-vous pour un autre jour?»

Une dame, dans la salle, se pencha vers une autre et chuchota. «Il doit avoir au moins quatre-vingts ans. Quelle urgence peut-il bien avoir pour ne pas pouvoir attendre?»

L'homme entendit la remarque. Il se tourna doucement vers la dame, s'inclina et dit : «J'ai quatre-vingt-sept ans, madame. Ce qui est précisément la raison pour laquelle je ne peux me permettre de perdre une seule minute du temps précieux qu'il me reste.»

— Anthony de Mello, *Histoires d'humour et de sagesse,* p. 194

La plus coûteuse des dépenses, c'est la perte de temps.

Le souvenir

 En allant confier le corps de mon fils à la terre accueil-lante où il dormira doucement à côté des siens, en attendant que j'aille l'y rejoindre, je ne lui dis pas adieu, je lui dis à bientôt.

Car la douleur qui me serre le cœur raffermit, à chacun de ses battements, ma certitude qu'il est impossible d'autant aimer un être et de le perdre pour toujours.

Ceux que nous avons aimés et que nous avons perdus ne sont plus où ils étaient, mais ils sont toujours et partout où nous sommes. Cela s'appelle d'un beau mot plein de poésie et de tendresse : le souvenir.

— *Doris Lussier*

Le menuisier

Un habile menuisier, rendu à l'âge de la retraite, informa son employeur de son intention de quitter le monde de la construction afin de passer le reste de sa vie paisiblement avec son épouse. Son employeur fut très déçu de devoir laisser partir un si bon travailleur et il lui demanda comme faveur personnelle de construire juste une toute dernière maison. Le menuisier accepta, mais cette fois-ci, il était facile de voir que son cœur n'était pas à l'ouvrage. Il accomplit un travail médiocre et utilisa des matériaux de qualité inférieure.

Quand le menuisier eut terminé la maison, son employeur arriva, en fit l'inspection puis il remit la clé de cette maison au menuisier en disant : « Cette maison est la tienne, c'est mon cadeau pour toi, pour toutes tes années de labeur dans mon entreprise. » Loin d'être heureux et reconnaissant, le menuisier est devenu très triste. Quelle honte ! Si seulement il avait su qu'il construisait sa propre maison, il aurait tout fait si différemment. Il aurait donné le meilleur de lui-même, y déployant tout son art pour construire son nid.

Il en est de même pour nous, dans notre vie. Nous l'échafaudons malheureusement trop souvent avec négligence et insouciance. Jusqu'au jour où, avec étonnement, nous réalisons que nous devons vivre dans la maison que nous avons bâtie nous-même. S'il nous était possible de recommencer, nous aurions agi tout autrement nous aussi, mais nous ne pouvons faire de retour en arrière. Nous sommes les artisans de cette maison qu'est notre vie. Chaque jour, nous y enfonçons un clou, plaçons une planche, érigeons un mur.

La vie est un projet de tous les instants... C'est par notre attitude et nos choix d'aujourd'hui que nous édifions la maison que nous allons habiter demain et pour le reste de notre vie... Alors, pourquoi ne pas la construire avec sagesse ?

« Le bonheur n'est pas une récompense mais une conséquence.
La souffrance n'est pas une punition mais un résultat. »

Robert Ingersoll

Aurais-je le temps?

 La vie nous file entre les doigts. Les semaines, les mois, les années passent à la vitesse de l'éclair. Un jour, nous nous retrouvons au seuil de la vieillesse. Puis soudain, nous arrivons au bout de notre route.

Aurais-je eu le temps de dire à l'être merveilleux qui a partagé ma vie combien je l'aime, et de le remercier pour tout le bonheur qu'il m'a apporté, pour la famille qu'il m'a donnée, pour tous ces merveilleux souvenirs que nous nous sommes construits jour après jour, pour avoir su partager mes peines comme mes joies, tout au long de notre vie ensemble?

Aurais-je eu le temps de dire à mes enfants qu'ils sont le plus merveilleux cadeau que la vie m'ait donné? Qu'à travers eux, j'ai revécu ma jeunesse, j'ai appris la tolérance et qu'ils m'ont aidée à atteindre mon idéal; celui de les mettre au monde, de les voir grandir et devenir de jour en jour ma fierté, et surtout combien je les aime?

Aurais-je eu le temps de dire à mes petits-enfants qu'ils sont le rayon de soleil de mes vieux jours? De leur dire tout l'amour que j'ai au fond de mon cœur pour ces petits êtres si fragiles, si purs et qui deviendront un jour des femmes et des hommes responsables, et combien ils sont précieux pour moi?

Aurais-je eu le temps de dire à mes sœurs et mes frères combien j'ai été choyée d'avoir fait partie de leur famille, d'avoir partagé avec eux les jeux de notre enfance, de notre complicité, de nous avoir forgé de merveilleux souvenirs? De les remercier d'avoir su toujours conserver intacts les liens qui sont le noyau de notre belle famille?

Aurais-je eu le temps de dire à mes amies et amis combien leur passage dans ma vie est précieux pour moi? À quel point je leur suis reconnaissante de leur présence indéfectible à chaque étape de ma vie? Et surtout, à quel point je les apprécie et que c'est pour moi un privilège qu'ils m'aient choisie pour amie?

Aurais-je eu le temps de dire à mes vieux parents lorsqu'ils étaient encore de ce monde combien je les aimais et combien ils ont été importants pour moi? De les remercier de m'avoir donné la vie, d'avoir su semer le bonheur au sein de notre famille, de m'avoir enseigné l'amour du prochain, la justice, l'intégrité, et surtout de m'avoir montré la route pour devenir la personne que je suis aujourd'hui?

Trouverais-je le temps d'avoir le temps...? Il n'est jamais trop tard pour trouver le temps.

Aider

Si je veux réussir à accompagner un être vers un but précis, je dois le chercher là où il est, et commencer justement là.

Celui qui ne sait pas faire cela se trompe lui-même quand il pense pouvoir aider les autres.

Pour aider un être, je dois certainement comprendre plus que lui, mais d'abord comprendre ce qu'il comprend et ce qu'il ne comprend pas.

Si je n'y parviens pas, il ne sert à rien que je sois plus compréhensif et plus savant que lui.

Si je désire avant tout montrer ce que je sais, c'est que je suis orgueilleux et cherche davantage à être admiré de l'autre que de l'aider.

Tout soutien commence par l'humilité devant celui que je veux accompagner, et c'est pourquoi je dois comprendre qu'aider n'est pas vouloir maîtriser mais vouloir servir. Si je n'y arrive pas, je ne puis aider l'autre.

— *Søren Kierkegaard*

Le plus grand bien que tu puisses faire à autrui n'est pas de lui partager tes richesses, mais bien de lui faire découvrir les siennes.

Donner avant de recevoir

 Connaissez-vous l'histoire de cet homme, trempé jus-qu'aux os, qui s'était perdu en pleine forêt?

Après avoir tourné en rond durant plus de quatre jours, le vieil homme découvre enfin une vieille cabane de chasseurs.

Tout heureux, il y entre, s'installe avec précipitation devant le poêle situé au beau milieu de la pièce et il attend. Il attend ainsi, sans bouger, durant plus de trois heures. Au bout de ce temps, toujours trempé et gagné par le froid intense, il ouvre la bouche pour dire au poêle : « Je t'avertis, si tu ne me donnes pas de chaleur, tu n'auras pas de bois! »

Le lendemain, des chasseurs, de passage dans la région, trouvèrent le vieil homme mort gelé, assis devant un poêle froid et vide, sans bois.

« Le sage sait que plus il donne aux autres, plus il a pour lui-même. »

Lao-tseu

~~~~~~~~~~~~~~~~~~~~~~~~~~

Reconnaître...

Avez-vous déjà songé au sens exact du mot *reconnaissance*? Il vient de connaître, reconnaître, connaître à nouveau. Refaire connaissance, contempler de plus près, regarder avec une émotion renouvelée ce qui nous est arrivé de bien, de beau, de bon; comme nous relisons un bon livre, ou que nous retournons voir un endroit qui nous a enchantés.

Nous nous plaignons de l'ingratitude avec laquelle sont bien souvent accueillis nos bienfaits, mais nous, sommes-nous reconnaissants? Si nous sommes doués d'une bonne nature, nous le sommes, bien sûr, à l'égard de nos proches et de nos amis. Mais au-delà? Plus haut? Nous retournons-nous, de temps en temps, vers la source d'où découlent tous nos biens pour dire merci? Nous donnons-nous la joie de les reconnaître?

— Marcelle Auclair, *Le Livre du bonheur,* p. 213

Les enfants

Rien n'est grand comme les petits. C'est tellement vrai qu'un penseur a pu dire que, de tous les êtres vivants, l'enfant est le seul qui exige qu'on se mette à genoux pour s'élever à sa hauteur.

Chaque fois qu'un enfant naît, c'est le monde qui recommence. Nos enfants sont le sang de notre sève. Ils sont les recrues continuelles du genre humain.

Parce qu'ils portent en eux la possibilité du meilleur, ils sont notre espérance.

Parce que leur innocence ressemble à celle que nous avons perdue, ils sont notre pureté.

Parce qu'ils sont la chair de notre chair et l'âme de notre âme, ils sont notre amour. Claudel disait : « Je n'ai jamais autant aimé les humains que depuis que je suis le père de l'un d'eux. »

Parce qu'ils sont l'avenir et que nous savons tous les pièges qui guettent leurs pas, ils sont notre inquiétude.

Les enfants sont les princes de la vie. Ils sont le premier matin du monde. Ils ne sont jamais blasés. Ils s'émerveillent de tout. La vie pour eux, c'est une création et une récréation.

Les souvenirs d'enfance que je garde précieusement épinglés sur le mur gris de ma mémoire sont les refuges où va s'abriter mon âme quand elle fuit les orages de la vie... Ils sont mes arcs-en-ciel... Ils sont mes clairs de lune...

Plus tard, devenu père à mon tour, je me rappelle avec une purifiante nostalgie les instants privilégiés où, revenant de mon travail, la nuit, j'allais toujours, avant de me coucher, regarder dormir mes deux loupiots... C'était ma prière du soir...

Leur enfance m'a gardé enfant... Leur jeunesse m'a gardé jeune... Et je me dis que ça n'existe pas vieillir... ça n'existe pas mourir... quand on laisse derrière soi la vie recommençante.

— Doris Lussier, *La Presse,* 26 juin 1993

Être...

Beaucoup de personnes ont peur d'être elles-mêmes, ou de le devenir.

Elles ont peur de perdre des amis, des êtres chers. Elles ont peur de perdre leurs femmes, leurs maris.

Si vous essayez d'être vous-même, il y a des êtres qui vous entourent qui, peut-être, partiront. Ceux-là, ce sont les faux, qui se collent à vous pour en tirer quelque chose.

Les vrais resteront, ils n'attendent rien de vous. Ils se contentent de votre rayonnement, de ce que vous êtes vraiment.

Si vous apprenez à être une personne qui se suffit à elle-même et qui ne s'accroche pas aux autres, ils resteront encore plus, car ils n'auront jamais peur d'être exploités par vous.

N'oublions pas aussi que, lorsqu'on enchaîne les autres, on s'enchaîne aussi.

Pour être soi-même, il faut d'abord laisser l'autre l'être. Fiez-vous à votre intuition, laissez-la vous guider, elle ne vous trompera jamais.

Et si un jour vous échouez dans une démarche, dites-vous que c'est grâce à cette expérience que vous deviendrez encore plus vous-même.

❀ *Découvrez qui vous êtes et vous n'aurez plus aucune envie de devenir quelqu'un d'autre.*

❀ *Pour des raisons évidentes, je préfère m'aimer lorsque personne ne m'aime que de ne pas m'aimer alors que tout le monde m'aime.*

❀ *Le véritable moment de notre naissance est celui où on a vraiment posé un regard intelligent sur soi-même pour la première fois.*

La commère

Il était une fois une femme qui colporta quelques potins au sujet d'un voisin. En quelques jours, ses commérages avaient fait le tour de la ville. Le voisin dont il était question en fut profondément blessé et offensé.

Peu de temps après, la commère apprit que la rumeur qu'elle avait fait courir était absolument sans fondement. Profondément désolée, elle se rendit auprès d'un sage pour lui demander comment réparer le tort qu'elle avait causé.

«Rends-toi au marché, achète un poulet et fais-le abattre, répondit-il. Ensuite, en rentrant chez toi, arrache ses plumes et laisse-les tomber une à une le long de la route.»

Même si elle était quelque peu étonnée par ce conseil, la femme fit ce que le sage lui avait recommandé.

Le lendemain, le sage lui dit : «Maintenant, va et ramasse toutes les plumes que tu as laissées tomber hier et rapporte-les-moi.»

La femme reprit le même trajet. Or, à son grand désarroi, le vent avait dispersé toutes les plumes. Après les avoir cherchées pendant des heures, elle retourna voir le sage avec seulement trois plumes dans la main.

«Tu vois, dit le vieil homme, il est facile de les disséminer, mais impossible de les récupérer. Ainsi en est-il des calomnies. Il est facile de les répandre, mais une fois le mal fait, on ne peut jamais réparer tout le tort qu'elles ont causé.»

❀ *Je me suis souvent repenti d'avoir trop parlé, mais jamais je n'ai regretté de m'être tu.*

❀ *Si ce que tu as à dire n'est pas plus beau que le silence, alors tais-toi.*

Les deux fils

 Un sage homme vivait heureux avec son épouse admirable et deux fils chéris. Un jour, il entreprit un long voyage et durant son absence, un grave accident provoqua la mort de ses deux fils tant aimés.

La mère sentait son cœur lourd de douleur. Toutefois, étant une femme forte et croyante, elle surmonta le drame avec courage.

Elle avait cependant une grande préoccupation à l'esprit : Comment annoncer la triste nouvelle à son mari, lui qui avait le cœur si fragile ? Elle pria afin d'être éclairée.

Son mari rentra enfin de voyage et s'empressa de prendre des nouvelles de ses deux fils. L'épouse, embarrassée, lui répondit : « Laisse les garçons. Avant je voudrais que tu m'aides à résoudre un problème très important.

— Alors, parle, lui dit le sage homme.

— Pendant ton absence, un ami est passé nous rendre visite et nous a laissé en garde deux bijoux d'une valeur inestimable, mais ces bijoux sont si merveilleux que je m'y suis attachée et je n'ai pas très envie de les lui rendre. Qu'en penses-tu ? »

Le mari lui répondit : « Je ne comprends pas. Tu n'as jamais été attirée par l'apparat, et quand bien même tu le serais, ces bijoux ne t'appartiennent pas et tu dois les rendre.

— Mais je ne peux me résigner à les perdre », répondit l'épouse.

Le mari lui rétorqua : « On ne peut pas perdre ce que l'on n'a jamais possédé. Tu vas rendre ces bijoux aujourd'hui même. »

Sa femme lui répondit : « Très bien, mon époux. Les deux merveilleux bijoux seront rendus à Celui qui nous les avait confiés. En vérité, c'est déjà fait, car ces bijoux inestimables étaient nos deux fils tant aimés, que Dieu a rappelés à Lui. »

Le sage homme comprit le message, enlaça sa femme et sans désespoir ni révolte, ils laissèrent couler leurs larmes.

Secrets de beauté

Voici ce qu'a écrit Audrey Hepburn quand on lui a demandé de révéler ses « trucs » pour être belle...

Pour avoir des lèvres attirantes, prononcez des paroles de bonté.

Pour avoir de beaux yeux, regardez ce que les gens ont de beau en eux.

Pour rester mince, partagez vos repas avec ceux qui ont faim.

Pour avoir de beaux cheveux, faites qu'un enfant y passe sa main chaque jour.

Pour avoir un beau maintien, marchez en sachant que vous n'êtes jamais seule.

La beauté d'une femme n'est pas dans les vêtements qu'elle porte, son visage ou la façon d'arranger ses cheveux. La beauté d'une femme se voit dans ses yeux, car c'est la porte ouverte sur son cœur, l'endroit où est son amour.

La beauté d'une femme n'est pas dans son maquillage, mais dans la vraie beauté de son âme. C'est la tendresse qu'elle donne, l'amour, la passion qu'elle exprime. Et la beauté d'une femme se développe avec les années...

❊ *La beauté extérieure charme le regard ; la beauté intérieure charme le cœur.*

❊ *La beauté intérieure est une fleur qui ne cesse de s'épanouir. Et la beauté extérieure est une fleur qui ne cesse de se faner.*

❊ *Ce n'est pas tout d'avoir de jolis yeux, il faut qu'une petite lampe s'allume derrière. C'est cette petite lueur qui fait la vraie beauté.*

Credo de la paix

Je suis coupable de guerre quand j'exerce orgueilleusement mon intelligence au détriment de mes frères humains.

Je suis coupable de guerre quand je déforme les opinions des autres lorsqu'elles diffèrent des miennes.

Je suis coupable de guerre quand je ne tiens pas compte des droits et des possessions des autres.

Je suis coupable de guerre quand je convoite ce qu'un autre a honnêtement acquis.

Je suis coupable de guerre quand je cherche à maintenir la supériorité de ma position en privant les autres de leurs possibilités d'avancement.

Je suis coupable de guerre si je m'imagine que ma famille et moi-même devons être privilégiés.

Je suis coupable de guerre si je crois qu'un héritage me donne le droit de monopoliser les ressources de la nature.

Je suis coupable de guerre quand j'estime que les autres doivent penser et vivre comme je le fais.

Je suis coupable de guerre quand je fais dépendre le succès dans la vie, de la force, de la réputation et de la richesse.

Je suis coupable de guerre quand je pense que la conscience des gens devrait être soumise par la force plutôt que suivre la raison.

Je suis coupable de guerre quand je crois que le Dieu que je conçois est celui que les autres doivent admettre.

— *Ralph Maxwell Lewis*

La paix n'est pas un don de Dieu à Ses créatures.
C'est un don que nous nous faisons les uns aux autres.

Le cric

Un représentant fit une crevaison en pleine campagne. Il ouvrit son coffre, chercha son cric. En vain, pas de cric... Comme il était sur une petite route déserte, en plein mois de juillet, il se dit que personne n'allait passer par là pour le secourir. Il décida donc de se rendre à pied au village le plus proche et d'aller emprunter un cric.

Le chemin était long et il faisait très très chaud. En route, il se disait : *«Mais vont-ils seulement avoir un cric à me prêter?»* Il avança encore et, tout en sueurs, pensa : *« Et je connais les gens du coin, ils n'aiment pas les étrangers! »* Il marcha encore et se dit : *« Ils ne me connaissent pas, vont-ils seulement vouloir m'aider? »*

Et il continua ainsi, s'imaginant les scénarios les plus désagréables. Il arriva au village, de plus en plus énervé intérieurement, cogna à la porte d'une maison et dit à l'habitant qui lui ouvrit : «Eh bien, puisque c'est comme ça, gardez-le donc votre cric!»

Nos préjugés démontrent plus de craintes que de vérités.

N'attendez pas...

N'attendez pas de recevoir un sourire pour être gentil.
N'attendez pas d'être seul pour reconnaître la valeur d'un ami.
N'attendez pas d'être aimé pour aimer.
N'attendez pas d'avoir un meilleur emploi
pour commencer à travailler.
N'attendez pas d'avoir beaucoup pour partager.
N'attendez pas la chute pour vous rappeler du conseil de prudence.
N'attendez pas la douleur pour croire à la prière.
N'attendez pas d'avoir le temps pour pouvoir servir.
N'attendez pas la peine de l'autre pour demander des excuses.
N'attendez pas la séparation pour vous réconcilier.
Car vous ne savez pas combien vous avez de temps...

Me plaindre, moi... Plus jamais !

J'ai vu aujourd'hui dans un autobus, une très jolie jeune fille, avec une chevelure blonde. Je l'ai trouvée chanceuse, elle semblait si gaie ; j'ai regretté de n'être pas si jolie. Soudainement elle s'est levée pour descendre. Je l'ai vu boiter tout au long de l'allée s'appuyant sur une béquille ; elle n'avait qu'une jambe. En passant, elle m'a souri.

Mon Dieu, excusez-moi de me plaindre, j'ai deux jambes, le monde est à moi.

Je suis entrée dans une boutique pour acheter des bonbons. Le garçon qui m'a servie était très gentil. J'ai conversé avec lui. Que je sois en retard n'était pas important. Quand je l'ai quitté, il m'a dit : « Je vous remercie madame, vous avez été des plus gentilles. Ça fait du bien de parler à des gens comme vous parce que voyez-vous, je suis aveugle. »

Mon Dieu, excusez-moi de me plaindre, j'ai deux yeux, le monde est à moi.

Plus tard, marchant dans la rue, j'ai vu une jeune fille avec des yeux tellement beaux et tellement bleus. Elle regardait les autres enfants jouer. Il me semblait qu'elle ne savait pas quoi faire. Je lui ai alors demandé : « Pourquoi ne joues-tu pas avec les autres ? » Comme elle ne me répondait pas, j'ai compris qu'elle était sourde.

Oh Dieu, pardonnez-moi si je me plains. J'ai deux oreilles, le monde est à moi.

J'ai deux jambes pour m'amener où je veux. J'ai deux yeux pour voir se lever et se coucher le soleil. J'ai deux oreilles pour entendre le chant des oiseaux.

Mon Dieu, pardonnez-moi si je me plains, Vous êtes là et le monde est à moi.

Je me plaignais de mes chaussures usées, jusqu'à ce que je rencontre un homme ayant les pieds coupés.

Gérer le stress

Un jour, un conférencier expliquant la gestion du stress à son auditoire, lève un verre d'eau et demande : « Combien pèse ce verre d'eau ? »

Les réponses vont de 120 ml jusqu'à 360 ml.

Le conférencier réplique : « Le poids absolu de ce verre n'a aucune importance. Tout dépend de la durée pendant laquelle vous le tenez.

« Si je le tiens une minute, ce n'est pas un problème. Si je dois le tenir pendant une heure, j'aurai de la douleur dans le bras. Si je le tiens pendant toute la journée, vous allez devoir appeler une ambulance. Dans tous les cas, c'est le même poids, mais plus longtemps je dois le supporter, plus il devient lourd.

« Et c'est le même cas avec la gestion du stress. Si on porte un fardeau tout le temps, tôt ou tard, comme le fardeau devient de plus en plus lourd, on aura peine à continuer. Comme pour le verre d'eau, vous devez le déposer pour un moment et vous reposer avant de le reprendre. Quand on est frais et dispos, on est apte à porter son fardeau.

« Donc, avant de retourner à la maison ce soir, déposez votre fardeau de travail. Ne l'apportez pas à la maison. Vous pourrez le reprendre demain. Quel que soit le fardeau que vous portiez maintenant, laissez-le pour un moment si vous le pouvez. Relaxez. Reprenez-le plus tard quand vous serez reposé. La vie est courte. Profitez-en ! »

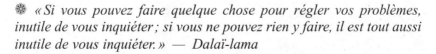

❀ « *Si vous pouvez faire quelque chose pour régler vos problèmes, inutile de vous inquiéter ; si vous ne pouvez rien y faire, il est tout aussi inutile de vous inquiéter.* » — *Dalaï-lama*

❀ *Votre attitude émotive par rapport à votre travail suscite dans votre esprit une fatigue bien plus grande que l'effort physique investi pour s'acquitter efficacement de ce travail en tant que tel.*

Les quatre bougies

 Quatre bougies brûlaient lentement la nuit de Noël. L'ambiance prêtait tellement au silence qu'on pouvait entendre leur conversation.

La première dit : «Je suis la paix ! Cependant, les gens n'arrivent pas à me maintenir allumée. Je crois que je vais m'éteindre.» Et, sa flamme diminuant peu à peu, elle s'éteint complètement.

La seconde dit : «Je suis la foi ! Indiscutablement, je suis superflue. Les gens ne veulent rien savoir de moi. Cela n'a pas de sens que je reste allumée.» Quand elle eut fini de parler, une brise souffla sur elle et l'éteignit.

La troisième bougie se manifesta alors à son tour : «Je suis l'amour ! Je n'ai pas la force de rester allumée. Les gens me laissent de côté et ne comprennent pas mon importance. Ils oublient même ceux qui sont proches et qui les aiment.» Et, sans attendre plus longtemps, elle s'éteignit.

Soudain, un enfant entre dans la pièce et voit les trois bougies éteintes. «Mais qu'est-ce qui vous arrive ? Vous devez rester allumées jusqu'à la fin.» Et en disant cela, il éclate en sanglots. Alors, la quatrième bougie prit la parole : «Ne sois pas triste, petit, tant que j'ai ma flamme, nous pourrons allumer les autres bougies. Je suis l'espoir !»

Avec des yeux brillants, il prit la bougie de l'espoir et tout doucement, ralluma les autres...

❀ *L'espoir rend toutes choses possibles.*

❀ *S'il y a de l'espoir dans l'avenir, il y a de la puissance dans le présent.*

❀ *Quand l'espoir sera devenu pour vous une habitude, vous aurez alors un esprit joyeux en permanence.*

Des chemins...

« Pourquoi grand-maman a des chemins sur son visage ? », demande Guillaume.

Je ne sais pas quelle fut la réponse de ses parents, mais la question de Guillaume, elle, est une trouvaille. Une trouvaille d'enfants qui fait réfléchir les adultes que nous sommes.

Là où nous ne voyons que des rides, symboles d'usure, marques du temps qui ne pardonne pas..., Guillaume, avec son cœur d'enfant de quatre ans, découvre des chemins, chemins de joies et de peines qui ont laissé leurs traces, des chemins qui racontent une histoire, des chemins riches d'une vie donnée.

Oui, maman ou grand-maman, ne sois pas gênée de ces chemins sur ton visage, ils nous disent que tu as aimé, que tu as su donner et accueillir la joie, que tu as ri de bon cœur.

Ils nous disent aussi tes heures d'efforts et de travail, tes heures d'inquiétudes et de veilles. Ils nous disent que tu as vécu.

Ces chemins sur ton visage, maman, grand-maman, ils sont la beauté de ton âge ! Ce sont les chemins de la vie.

Merci d'avoir vécu, aimé et donné.

~~~~~~~~~~~~~~~~~~~~~~~~~~~~~~

Je t'aime !

Les gens disent si peu souvent aux êtres chers qu'ils les aiment qu'il est parfois trop tard quand vient le temps de retenir l'amour qui part. Alors, quand je te dis : « Je t'aime ! », cela ne veut pas dire que je sais que tu ne partiras jamais, mais seulement que je souhaite que tu n'aies pas à le faire.

Quel est le meilleur moment pour dire à votre conjoint que vous l'aimez ? Avant qu'une autre personne ne le fasse...

Peut-être que oui, peut-être que non...

Il était une fois un modeste paysan de la vieille Russie. Il était veuf et n'avait qu'un fils. Un jour, son cheval disparut. Tous ses voisins le plaignirent, en disant qu'une bien triste chose était arrivée. «Peut-être que oui, peut-être que non», répondit-il.

Trois jours plus tard, son cheval revint accompagné de trois chevaux sauvages. Les voisins l'envièrent et lui affirmèrent : «Quelle chance tu as !» Ce à quoi il répondit : «Peut-être que oui, peut-être que non».

Un jour, son fils tenta de monter l'un des chevaux sauvages, tomba et se fractura une jambe. Les voisins dirent alors : «Quelle malchance ! — «Peut-être que oui, peut-être que non», répondit une nouvelle fois le paysan.

Trois jours plus tard, les huissiers du tsar vinrent chercher tous les jeunes hommes valides pour les enrôler dans l'armée, et le fils du paysan ne fut pas enrôlé. «Quelle chance tu as !», déclarèrent les voisins au vieux paysan...

Nous ne voyons qu'un tout petit bout de notre réalité.
Qui sait à quoi peuvent être utiles les
expériences que nous vivons...

Deux qualités fondamentales

Rien au monde ne peut remplacer la persévérance, pas même le talent ou le génie. Rien n'est plus courant qu'un génie méconnu, qu'un homme talentueux qui n'a pas de succès. L'éducation n'est pas suffisante non plus : le monde est rempli de ratés instruits. La persévérance et la détermination seules sont toutes-puissantes.

Le perdant abandonne. Le gagnant se cramponne.

Le risque d'aimer

Aimer est un mot galvaudé. Aimer, c'est s'intéresser vraiment à quelqu'un, lui être attentif.

C'est le respecter tel qu'il est, avec ses blessures, ses ténèbres et sa pauvreté, mais aussi avec ses potentialités, ses dons peut-être cachés...

C'est croire en lui, en ses capacités de grandir, c'est vouloir qu'il progresse.

C'est avoir pour lui une espérance folle : «Tu n'es pas foutu; tu es capable de grandir et de faire de belles choses; j'ai confiance en toi.»

C'est se réjouir de sa présence et de la beauté de son cœur, même si elle est encore dissimulée.

C'est accepter de créer avec lui des liens profonds et durables, malgré sa faiblesse et sa vulnérabilité, ses propensions à la révolte et à la dépression.

Si souvent, je peux lui faire du bien et avoir ainsi le sentiment d'être quelqu'un de bien. À travers lui, c'est moi que j'aime. C'est une image de moi-même que je recherche.

Mais si la personne commence à me déranger, à me mettre en cause, alors je mets des barrières pour me protéger. C'est facile d'aimer quelqu'un quand cela m'arrange ou parce que cela me donne le sentiment d'être utile, de réussir.

Aimer, c'est bien autre chose. C'est être assez dépouillé de moi-même pour que mon cœur puisse battre au rythme du cœur de l'autre; que sa souffrance devienne ma souffrance; c'est compatir. Aimer l'autre, c'est lui révéler qu'il est beau.

— *Jean Vanier*

Ceux qui ont le plus besoin d'amour sont souvent
ceux qui le méritent le moins.

Le pendule

L'horloger était sur le point de fixer le pendule d'une horloge lorsque, à sa grande surprise, il l'entendit parler.

« S'il vous plaît, laissez-moi, plaida le pendule, ce sera un acte de bonté de votre part. Pensez au nombre de fois que j'aurai à faire tic-tac, jour et nuit. Soixante fois chaque minute, soixante minutes par heure, vingt-quatre heures par jour, trois cent soixante-cinq jours par année. Année après année... des millions de tic-tac. Je n'y arriverai jamais. »

Mais l'horloger opposa à sa requête une réponse pleine de sagesse : « Ne pense pas à l'avenir. Fais juste un tic-tac à la fois et tu jouiras de chaque tic-tac tout le reste de ta vie. »

— Anthony de Mello, *Histoires d'humour et de sagesse*, p. 192

Sur la grande horloge du temps, il n'y a qu'un mot : « Maintenant ».

C'est l'histoire de...

C'est l'histoire de quatre individus : Chacun, Quelqu'un, Quiconque et Personne.

Un travail important devait être fait, et on avait demandé à Chacun de s'en occuper. Chacun était assuré que Quelqu'un allait le faire. Quiconque aurait pu s'en occuper, mais Personne ne l'a fait. Quelqu'un s'est emporté parce qu'il considérait que ce travail était la responsabilité de Chacun. Chacun croyait que Quiconque pouvait le faire, mais Personne ne s'était rendu compte que Chacun ne le ferait pas.

À la fin, Chacun blâmait Quelqu'un du fait que Personne n'avait fait ce que Quiconque aurait dû faire...

Dans une avalanche, aucun flocon ne se sent responsable.

Paradoxes

Aujourd'hui, on a suffisamment de patience pour construire de grands édifices, mais pas assez pour contrôler sa colère ; on a de larges routes, mais des points de vue étroits ; on est de plus grande taille, mais de caractère plus faible.

On dénigre les croyances et les modes de vie des autres et on se demande pourquoi le monde devient infernal. On se préoccupe de ce que les autres pensent de nous, mais négligeons notre propre perception de nous-mêmes.

On a multiplié ses avoirs, mais diminué ses valeurs ; on dépense plus, mais possédons moins ; on sait comment gagner sa vie, mais sans la qualité de vie ; on a des revenus plus élevés, mais plus de dettes aussi.

On habite des maisons plus grandes, mais les familles sont plus petites ; on a des couples à deux salaires, mais le divorce est plus courant ; on a des maisons plus belles, mais des familles désunies.

On jouit de plus de commodités, mais on a moins de temps disponible ; on a une vie sociale active mais des relations superficielles ; on a plus de loisirs, mais moins de plaisir.

On accumule plus de diplômes, mais on semble avoir moins de logique ; on a plus de connaissances, mais moins de discernement ; plus de spécialistes, mais plus de problèmes ; une meilleure médecine, mais plus de maladies.

On est au courant de tout ce qui se passe dans le monde, mais on ignore les peines de nos proches ; on a fait le voyage aller-retour sur la lune, mais on a de la difficulté à traverser la rue pour se présenter à son voisin ; on a conquis l'espace interplanétaire, mais non pas notre espace intérieur ; on désire atteindre la paix mondiale, mais on continue la guerre interne...

Quand même bizarre, non ?

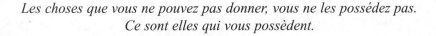

Les choses que vous ne pouvez pas donner, vous ne les possédez pas.
Ce sont elles qui vous possèdent.

Les bons souvenirs des gens

Dans la forêt, les arbres sont silencieux. Le roi est venu s'y réfugier, il pleure seul. La reine n'est plus. Combien d'occasions de bonheur manquées ? Il pense à la reine, il la voit, là dans le château, toute souriante dans sa « berçante » mais la culpabilité, la tristesse et les regrets l'envahissent. Il pense tellement à elle qu'il lui semble entendre la reine parler d'une voix d'ange :

« La vie qu'il me reste, elle est en toi, dans ton cœur, dans celui de nos enfants et de nos amis. Sache faire de cette vie une longue suite de moments heureux. Ne te fais pas un reproche de ce qui aurait pu être. Que je sois un réconfort pour toi et non pas l'occasion de mille regrets et de tristesse, c'est ce qui me rend heureuse. Garde-moi une pièce dans ton château et viens m'y visiter parfois. Viens chercher conseil dans l'adversité. Laisse-moi goûter de petites parts de tes bonheurs. C'est ainsi qu'à travers toi, continuera de se construire ma vie. »

« La mort n'est jamais que le silence du souvenir. »

— Patrick Gauthier, *Réflexions sur le bonheur,* p. 156

❋ *On ne cueille jamais quelque chose avec les mains fermées.*

❋ *Une mer calme n'a jamais formé de marins qualifiés.*

❋ *Je suis riche des biens dont je sais me passer.*

❋ *Sois muet quand tu as donné. Parle quand tu as reçu.*

❋ *Une toute petite fuite peut faire couler un énorme bateau.*

❋ *Ce sont toujours les charrettes vides qui font le plus de bruit.*

❋ *Vaut mieux imparfait maintenant que parfait jamais.*

❋ *Celui qui n'admet pas ses erreurs les multiplie.*

Le petit chapeau violet

À 3 ans : Une femme se regarde dans un miroir et se voit comme une reine.

À 8 ans : Elle se regarde et voit Cendrillon ou la Princesse au Bois Dormant.

À 15 ans : Elle se regarde et voit Cendrillon, la Belle au Bois Dormant, une actrice de cinéma ou si elle est dans ses SPM, elle se voit grosse, laide, pleine de boutons et dit : « Maman, je ne peux pas aller à l'école comme ça ! »

À 20 ans : Elle se regarde et se voit trop grosse, trop mince, trop petite, trop grande, les cheveux trop raides, trop frisés, s'arrange un peu puis décide qu'elle ira quand même où elle doit se rendre !

À 30 ans : Elle se regarde et se voit trop grosse, trop mince, trop petite, trop grande, les cheveux trop raides, trop frisés, mais décide qu'elle n'a pas le temps de les coiffer et va quand même où on l'attend !

À 40 ans : Elle se regarde et se voit trop grosse, trop mince, trop petite, trop grande, les cheveux trop raides, trop frisés, mais se dit qu'au moins, elle est propre et va quand même où elle doit aller !

À 50 ans : Elle se regarde et se dit : *« C'est moi ! »*, sourit et va où bon lui semble !

À 60 ans : Elle se regarde, se rappelle que bien des gens ne peuvent même plus se voir dans le miroir, sourit, sort et va conquérir le monde !

À 70 ans : Elle se regarde et voit l'expérience, l'habileté, sourit et sort profiter de la vie !

À 80 ans : Elle ne se regarde même plus dans le miroir. Elle met son petit chapeau violet et sort, juste pour le plaisir de voir le monde !

Qu'attendons-nous pour porter notre petit chapeau violet ?

Avant d'être maman !

J'avais le plein contrôle de mon temps. Je sortais quand ça me tentait ; je parlais des heures au téléphone et je dormais toutes mes nuits...

Je ne m'étais jamais demandée si les plantes pouvaient être toxiques, les savons allergènes ou les jouets dangereux.

Je n'avais jamais pensé me sentir aussi vulnérable devant des pleurs, aussi inquiète devant une poussée de fièvre.

Je n'avais jamais pensé que je me lèverais la nuit pour vérifier la respiration de mon bébé et que je le bercerais ensuite des heures, juste pour le plaisir…

Je n'avais jamais pensé que durant une seule journée, je dirais autant de « je t'aime » et chanterais autant de berceuses.

Je n'avais jamais pensé que je m'émerveillerais autant devant un petit sourire et que j'applaudirais chaque geste nouveau.

Je n'avais jamais imaginé qu'un lien si fort pouvait unir une mère à son enfant. Qu'un si petit être pouvait me faire sentir si privilégiée et si heureuse.

Et je n'avais jamais pensé que ma mère avait aussi vécu tout ça avec moi. Merci, maman ! Merci !

❀ *Dieu ne pouvait être partout, alors il a créé la mère.*

❀ *Le cœur d'une mère est un abîme au fond duquel se trouve toujours un pardon.*

❀ *Les mères sont les seules à dire la vérité même quand ça fait mal.*

❀ *L'amour d'une mère, c'est comme l'air : c'est tellement banal qu'on ne le remarque même pas. Jusqu'à ce qu'on en manque...*

Le Ciel et l'Enfer...

En compagnie du Seigneur, un homme est amené à visiter tour à tour le Ciel et l'Enfer. Le Seigneur dit alors à l'homme : « Viens, je vais tout d'abord te montrer l'Enfer. » Ils entrèrent dans une pièce où quelques personnes étaient assises autour d'une immense marmite de ragoût. Elles étaient toutes affamées et désespérées. Elles avaient chacune une cuillère qui atteignait la marmite ; mais le manche était si long qu'il leur était impossible d'avaler les aliments à l'aide de cet ustensile. Leur souffrance était atroce.

« Viens, je vais maintenant te montrer le Ciel », dit le Seigneur au bout d'un moment. Ils entrèrent dans une autre pièce, identique à la première. La marmite de ragoût, le groupe de personnes, les mêmes et longues cuillères. Mais tout le monde y était heureux et nourri. « Pourquoi sont-ils heureux ici alors qu'ils sont malheureux dans l'autre pièce ? Tout est pourtant pareil. » Le Seigneur sourit. « Ah, tu ne vois pas ? dit-Il. Ici, ils ont appris à se nourrir les uns les autres. »

Vous obtiendrez tout de la vie si vous aidez suffisamment
de gens à obtenir ce qu'ils veulent.

On peut acheter

du plaisir mais pas de l'amour ;
un spectacle mais pas de la joie ;
un esclave mais pas un ami ;
une femme mais pas une épouse ;
une maison mais pas un foyer ;
des aliments mais pas de l'appétit ;
des médicaments mais pas la santé ;
des diplômes mais pas de la culture ;
des livres mais pas de l'intelligence ;
des tranquillisants mais pas de la paix ;
des indulgences mais pas le pardon ;
de la terre mais pas le ciel.

Quand lui, quand moi...

Quand lui n'achève pas son travail, je me dis, il est paresseux. Quand moi, je n'achève pas mon travail, c'est que je suis trop occupé, trop surchargé.

Quand lui parle de quelqu'un, c'est de la calomnie. Quand je le fais, c'est de la critique constructive.

Quand lui tient à son point de vue, c'est un entêté. Quand moi je tiens à mon point de vue, c'est de la fermeté.

Quand lui prend du temps pour faire quelque chose, il est lent. Quand moi je prends du temps pour faire quelque chose, je suis soigneux.

Quand lui est aimable, il doit avoir une idée derrière la tête. Quand moi je suis aimable, je suis vertueux.

Quand lui est rapide pour faire quelque chose, il bâcle. Quand moi je suis rapide pour faire quelque chose, je suis habile.

Quand lui fait quelque chose sans qu'on le lui dise, il s'occupe de ce qui ne le regarde pas. Quand moi je fais quelque chose sans qu'on me le dise, je prends des initiatives.

Quand lui défend ses droits, c'est un mauvais esprit. Quand moi je défends mes droits, je fais preuve de caractère.

C'est quand même étrange, non?

❋ *Ce que tu es parle si fort que je n'entends plus ce que tu dis.*

❋ *Ce que Pierre pense de Paul en dit plus sur Pierre que sur Paul.*

❋ *Il est plus facile de démolir que de bâtir, de critiquer que d'imiter.*

La trappe

À travers la fente d'un mur, une souris observait le fermier et sa femme ouvrir un colis. Quel choc de découvrir qu'il s'agissait d'une trappe à souris…

À toute allure, la souris se précipita vers la grange et cria à ses amis : «Aidez-moi, aidez-moi, le fermier vient de placer une trappe à souris dans la maison.»

La poule lui répondit qu'elle était peinée pour elle, par contre, elle ne pouvait rien y faire. Le cochon, lui, l'assura de ses prières. Quant à la vache, elle lui dit qu'elle était vraiment très occupée.

La souris retourna donc à la maison, découragée d'avoir à affronter seule cette fameuse trappe.

Dans la nuit qui suivit, un bruit étrange, semblable à celui d'une trappe à souris, se fit entendre dans la maison. La femme du fermier se précipita pour voir la prise mais dans la noirceur, elle ne vit pas que c'était la queue d'un serpent venimeux qui était coincée dans la trappe.

Affolé, le serpent mordit la femme, ce qui obligea le fermier à la reconduire à l'hôpital. Hélas, elle revint à la maison avec une forte fièvre. Se souvenant alors qu'une bonne soupe au poulet pourrait améliorer l'état de son épouse, il sacrifia son précieux animal.

Mais la fièvre empira à un point tel que tous les amis et les voisins durent la veiller 24 heures sur 24. Et pour les nourrir, le fermier dut aussi sacrifier son cochon.

Comble de malheur, l'épouse décéda et le fermier dut se résigner à faire également abattre sa vache pour nourrir tout le monde.

Et toujours par la petite fente, la souris regardait la scène, envahie par une profonde tristesse.

———————— ▪ ————————

Souvenez-vous que chacun de nous trébuche.
Voilà pourquoi il est si réconfortant de marcher main dans la main.

Les préjugés

Dans un casse-croûte, une vieille dame s'apprête à déguster un bol de soupe qu'elle vient juste d'acheter. Elle s'installe à une petite table sous laquelle elle dépose son sac à main. Puis elle retourne au comptoir, car elle a oublié de prendre une cuillère.

 Quand elle revient à sa table, la dame y trouve un jeune Africain noir et frisé, aux vêtements très colorés et qui mange goulûment sa soupe. Elle le regarde d'abord avec étonnement, réfléchit un peu, lui fait un petit sourire et plonge sa cuillère dans le même bol de soupe. Et ils mangent ensemble.

À la fin du repas, le jeune homme lui offre aussi un café. Ensuite, il la salue gentiment et s'en va. À peine se sont-ils adressés la parole, car ils ne parlent pas la même langue. Sur le point de partir elle aussi, la dame se penche sous la table pour y prendre son sac à main. Plus rien ! Disparu !

« Je le savais bien au fond que c'était vraiment un voyou ! Ils sont tous pareils ! J'aurais dû me méfier dès le premier instant. C'est réellement dégoûtant ! », se dit la dame, rouge de colère, en le cherchant des yeux tout autour. Mais il s'est bel et bien volatilisé. Tout à coup, sur une table voisine, elle aperçoit un bol de soupe refroidie et sous la table, son sac à main à l'endroit où elle l'avait laissé.

❀ *Le préjugé est enfant de l'ignorance.*

❀ *Les préjugés occupent une partie de l'esprit et en infectent tout le reste.*

❀ *Si vous voulez trouver du repos ici et là-haut, dites en toute occasion : « Qui suis-je, moi ? » et ne jugez personne.*

❀ *Nombreux sont ceux qui sont persuadés de penser, alors qu'ils se contentent de restructurer leurs préjugés.*

L'école de la vie...

Un corps vous a été donné. Vous pouvez l'aimer ou le détester, mais ce sera le vôtre pour toute la durée de cette vie.

Vous allez apprendre des leçons. Vous êtes inscrit à plein temps dans une école informelle appelée « Vie ». Chaque jour, vous aurez l'occasion de tirer des leçons de cette école. Vous pourrez aimer ces leçons ou trouver qu'elles ne sont pas pertinentes.

Il n'y a pas de fautes, seulement des leçons. La croissance est un processus d'essais et erreurs : l'expérimentation. Les expériences ratées font tout autant partie du processus que celles qui réussissent.

Une leçon sera répétée jusqu'à ce qu'elle soit apprise. Une leçon vous sera présentée sous diverses formes, jusqu'à ce que vous la saisissiez vraiment. Quand vous l'aurez apprise, vous pourrez passer à la leçon suivante.

L'apprentissage des leçons est infini. Il n'y a pas de partie de vie qui ne contienne de leçons. Si vous êtes en vie, vous avez encore des leçons à apprendre.

Les autres sont essentiellement des miroirs de vous-même. Vous ne pouvez aimer ou détester quelque chose chez autrui que si ce quelque chose reflète un aspect que vous aimez ou que vous détestez en vous.

Ce que vous faites de votre vie dépend de vous. Vous avez tous les outils, toutes les ressources dont vous avez besoin. Ce que vous en faites dépend de vous. Le choix vous appartient.

Les réponses aux questions de la vie sont en vous. Tout ce qu'il vous faut, c'est regarder, écouter et faire confiance.

La vie ressemble à un conte ; ce qui importe,
ce n'est pas sa longueur, mais sa valeur.

Écoute les mots que je n'ose dire

Ne me laisse pas te duper ; ne laisse pas mon visage te berner. Car je porte un masque, d'innombrables masques, des masques que j'ai peur d'enlever, des masques qui ne sont pas moi.

Je fais semblant, c'est devenu ma seconde nature... Je donne l'impression d'avoir de l'assurance, d'être décontracté, que tout va bien et que je n'ai besoin de personne. Ne le crois surtout pas.

Mes dehors ont l'air parfait, mais ces dehors sont des masques, toujours changeants, toujours trompeurs. Sous ces dehors, il n'y a aucune suffisance. Il n'y a que confusion, peur et solitude.

Je panique à la pensée qu'on entrevoie ma faiblesse et ma peur. Je me dépêche donc de mettre un masque, une façade digne et nonchalante qui m'aide à me protéger des regards qui savent.

Ces regards sont pourtant, je le sais, mon seul salut et mon seul espoir, à condition toutefois qu'ils expriment l'acceptation et l'amour. Ils sont l'unique chose qui puisse me libérer de moi-même et me sortir de cette prison que j'ai construite et dans laquelle je me suis enfermé. Ils sont les seuls témoins aptes à m'apporter la preuve que je suis incapable d'admettre, à savoir que je vaux réellement quelque chose.

Je n'aime pas me cacher ou sonner faux. Je veux cesser d'être quelqu'un d'autre. Je veux être moi, mais tu dois m'aider pour cela. Tu dois me tendre la main, même quand je ne semble pas en manifester le désir. Toi seul peux faire disparaître mon regard froid de mort-vivant. Toi seul peux me faire revivre.

Chaque fois que tu te montres doux et encourageant, chaque fois que tu essaies de comprendre parce que tu tiens à moi, mon cœur s'allège et cela me donne des ailes ! Je veux que tu saches que tu es capable de voir à travers moi, et grâce à cela, tu m'insuffles la vie.

Qui suis-je ? te demandes-tu peut-être. Je suis quelqu'un que tu connais très bien, car je suis chaque homme, chaque femme que tu croises.

Avez-vous gardé une âme d'enfant?

Un homme tomba dans un trou et se fit très mal. Un cartésien se pencha et lui dit : «Vous n'êtes pas rationnel, vous auriez dû voir ce trou.»

Un spiritualiste le vit et dit : «Vous avez dû commettre un quelconque péché.»

Un scientifique calcula la profondeur du trou.

Un journaliste l'interviewa sur ses douleurs.

Un yogi lui dit : «Ce trou est seulement dans ta tête, comme ta douleur.»

Un médecin lui lança deux comprimés d'aspirine.

Une infirmière s'assit sur le bord et pleura avec lui.

Un thérapeute l'incita à trouver les raisons pour lesquelles ses parents l'avaient sans doute provoqué à tomber dans le trou.

Une pratiquante de la pensée positive l'exhorta à sortir en criant : «Quand on veut, on peut!»

Un optimiste lui dit : «Vous avez de la chance, vous auriez pu vous casser une jambe.»

Un pessimiste ajouta : «Et ça risque d'empirer.»

Puis un enfant passa, et lui tendit la main...

Grand est celui qui n'a pas perdu son cœur d'enfant.

Bonjour, bonsoir...

«Bonjour, bonsoir, bonne nuit, bonne fête, bonne année, bonne chance, bon voyage...» En prononçant désormais ces formules usuelles, ravivez-en le sens, en les chargeant d'un désir profond d'apporter quelque chose de «bon». Et donner, comme vous le savez, c'est recevoir.

— Marcelle Auclair, *Le Livre du bonheur,* p. 278

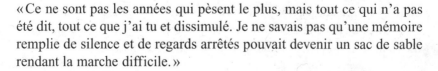

Un sommeil réparateur

Ce soir, en vous déshabillant, pensez intensément que vous enlevez, en même temps que vos vêtements, tous vos soucis de la vie quotidienne. Remerciez ces vêtements d'avoir été de bons serviteurs. Trouvez le plus de raisons possible de louer cette journée écoulée, et les êtres que vous avez rencontrés.

Imbu de ces pensées de reconnaissance, – la reconnaissance et la louange sont parmi les pensées-force les plus efficaces et les plus bienfaisantes, – couchez-vous. Refusez les lectures sinistres, ou qui engendrent l'agitation. Si en fermant les yeux, une de vos préoccupations habituelles se présente à votre esprit, faites mentalement le geste de la balayer du revers de la main. Si elle se fait insistante et se présente à vingt reprises, soyez aussi tenace qu'elle et balayez-la vingt fois encore, puisqu'il le faut. C'est vous qui aurez le dernier mot.

Et prenez soin avant de vous endormir de confier à l'Esprit qui est en vous tous vos problèmes, départissez-vous d'eux pour le moment, et demandez-lui de les élucider pour vous. N'envisagez vous-même aucune solution : vous devez lui laisser le chemin libre et présenter votre coupe vide. Demandez-lui également de vous délier de toutes les entraves qui vous ont jusqu'alors empêché d'accéder à la joie et il s'en acquittera.

Dès que vous aurez pris cette bonne habitude, vous serez surpris de trouver très souvent au réveil une réponse aux questions, grandes et petites, qui vous préoccupaient en état de veille.

— Marcelle Auclair, *Le Livre du bonheur*, p. 52

« Ce ne sont pas les années qui pèsent le plus, mais tout ce qui n'a pas été dit, tout ce que j'ai tu et dissimulé. Je ne savais pas qu'une mémoire remplie de silence et de regards arrêtés pouvait devenir un sac de sable rendant la marche difficile. »

— *Tahar Ben Jelloun*

La maîtrise de soi

Il était une fois un petit garçon au tempérament impulsif. Un jour, son père, lui donnant un marteau et des clous, lui demanda de planter un clou dans la clôture derrière la maison, et ce, chaque fois qu'il perdrait son calme.

Le premier jour, le garçon planta 17 clous dans la clôture. Par la suite, comme il apprenait à se dominer, le nombre de clous plantés diminua graduellement.

Finalement, un jour vint où le garçon ne perdit pas son calme. Il en fit part à son père, qui l'invita dès lors à retirer un clou de la clôture chaque fois qu'il réussirait à se maîtriser pendant toute une journée.

Les jours passèrent... À un moment donné, l'enfant, fier de lui, alla trouver son père pour lui dire qu'il avait réussi à arracher tous les clous. Ce dernier prit alors son fils par la main et le conduisit jusqu'à la clôture.

Il le félicita pour sa grande volonté, mais il attira aussi son attention sur les trous laissés par les clous enlevés. Il lui expliqua alors que la clôture ne serait plus jamais la même et que les paroles blessantes, au même titre que les clous, laissent des marques. «Peu importe le nombre de fois où tu t'excuseras, la blessure sera toujours là.»

❁ *La victoire sur soi est la plus grande des victoires.*

❁ *Sois maître de toi-même. Tu commettras peu d'erreurs.*

❁ *On respecte un homme qui se maîtrise lui-même.*

❁ *Celui qui conduit les hommes est fort, mais celui qui se maîtrise lui-même détient la vraie puissance.*

La sagesse du soir

Vieillir est un couronnement.
C'est le soir de l'existence. Mais quand on y songe bien,
vieillir, c'est aussi beau que naître. C'est même plus riche que naître.

Naître, ce n'est qu'une promesse tandis que vieillir, c'est un accomplissement. La vieillesse est la saison des récoltes, des moissons dorées et des blés mûrs. Si bien qu'on peut dire sans se tromper que les feux du soleil couchant sont aussi beaux que ceux du soleil levant.

D'autant plus que ce sont eux qui éclairent nos derniers pas sur la terre. C'est dans leur lueur qu'apparaît notre dernière vérité. Les dernières lumières du soleil couchant sont les premiers rayons de l'éternité. Et quand elles se projettent sur les dernières années de notre vie, alors on devient sage et on cesse d'être acteurs...

Nous cessons d'être des personnages de la «comédie aux cent actes divers» qu'est la vie, pour redevenir des personnes. Des personnes responsables de la qualité de leur fin de route. Des personnes mises en face de leur devoir terminal. Des personnes dont le dernier défi sur la terre est de transformer leur déclin physique en croissance morale.

Vieillir, c'est voir le monde par l'autre bout de la vie. Et alors, les perspectives ne sont plus les mêmes. Car à mesure qu'on s'approche de «l'autre monde», on se détache peu à peu des intérêts terrestres pour investir dans les valeurs éternelles. Celles qui, seules, peuvent combler l'immensité de notre espérance.

— *Doris Lussier*

«*Ce n'est pas parce que je suis un vieux pommier
que je donne de vieilles pommes.*»

Félix Leclerc

La peur

Un groupe de touristes fut immobilisé pendant quelques jours sur une vieille route de campagne. Pour toute nourriture, ils ne reçurent que quelques rations d'aliments pour le moins douteux.

Avant de manger ces victuailles, ils voulurent vérifier leur qualité en en jetant une portion à un chien. À leur grand soulagement, celui-ci sembla les apprécier et ne manifestait aucun malaise apparent.

Le lendemain, on apprit que le chien était mort. Tout le monde fut pris de panique. Plusieurs se mirent à vomir et se plaignirent de fièvre et de dysenterie. On fit appel à un médecin pour venir soigner les victimes de ce présumé empoisonnement alimentaire.

Le médecin commença par s'enquérir de ce qui était advenu du corps du chien. On fit donc enquête. Un voisin déclara alors tout bonnement : «Oh, le chien, on l'a jeté dans un fossé. Il a été écrasé par une automobile.»

Si la foi déplace les montagnes, la peur, elle, les crée.

Le sable entre les doigts...

Félix, un petit garçon de douze ans, se promenait sur la plage avec sa maman. Tout à coup, il s'arrêta et lui demanda : «Maman, comment fait-on pour garder un ami?»

La maman réfléchit quelques instants, puis se baissa et pris deux poignées de sable. Tenant les paumes vers le haut, elle ferma une main et la pressa fortement avec pour résultat que le sable glissait entre ses doigts. En fait, plus elle serrait le poing, plus le sable s'écoulait.

Par contre, comme elle tenait son autre main bien ouverte, elle constata que le sable y resta intégralement.

Félix, observant attentivement cette démonstration, ajouta tout simplement : «Merci maman, maintenant, je comprends!»

En souvenir de moi

Si un jour, un médecin déclare que mon cerveau a cessé de fonctionner et que, à toutes fins pratiques, ma vie est arrivée à son terme, n'essayez pas d'insuffler à mon corps une vie artificielle au moyen d'une machine. Et ne dites pas que je suis sur mon lit de mort.

Parlez plutôt d'un lit de vie et permettez qu'on prenne mon corps pour aider les autres à vivre une vie meilleure.

Donnez mes yeux à l'homme qui n'a jamais vu l'aube, le visage d'un bébé ou l'amour dans les yeux d'une femme.

Donnez mon cœur à celui dont le cœur ne cause que d'interminables journées de souffrance.

Donnez mon sang à l'adolescent qu'on vient d'extirper de sa voiture accidentée afin qu'il puisse vivre sa vie d'homme.

Donnez mes reins à quelqu'un qui dépend d'une machine pour vivre, semaine après semaine.

Prenez chacun de mes os, de mes muscles, de mes nerfs et trouvez le moyen de faire marcher l'enfant cloué à un fauteuil roulant.

Explorez chaque recoin de mon cerveau. S'il le faut, emparez-vous de mes cellules et laissez-les croître pour permettre un jour à un petit garçon muet de crier dans une cour d'école ou à une fillette sourde d'entendre la pluie tomber.

Brûlez ce qui reste de mon corps et dispersez les cendres aux quatre vents pour aider les fleurs à pousser.

Si vous tenez absolument à enterrer quelque chose, alors enfouissez mes fautes, mes faiblesses et tout le mal que j'ai fait à mon prochain. Confiez mes péchés au diable et mon âme à Dieu.

Si par hasard, vous désirez faire quelque chose en souvenir de moi, alors ayez un mot aimable pour quelqu'un qui en a besoin. Si vous faites tout ce que j'ai demandé, je vivrai éternellement.

La boîte à lunch

Chaque fois qu'un ouvrier prenait sa boîte à lunch, il était visiblement contrarié et s'exclamait tristement en l'ouvrant :

«Oh non! pas encore des sandwiches au fromage!»

Ce petit manège se produisit quatre jours d'affilée jusqu'à ce qu'un collègue exaspéré lui dise enfin : «Voyons donc, l'ami, si tu détestes tellement le fromage, pourquoi ne demandes-tu pas à ta femme de te faire une autre sorte de sandwiches?

— C'est que je ne suis pas marié, lui rétorqua l'ouvrier, c'est moi-même qui prépare mon casse-croûte.»

Les gens se plaignent beaucoup plus facilement qu'ils ne changent.

～～～～～～～～～～

L'écho...

Un homme et son fils marchaient dans la forêt. Tout à coup, le garçon trébuche et crie : «Ahhh!» en tombant. Étonné, il entend une voix venant de la montagne qui dit : «Ahhh!»

Curieux, il crie : «Qui êtes-vous?» Et la seule réponse qu'il reçoit alors est : «Qui êtes-vous?»

Un peu énervé, il crie encore : «Mais où êtes-vous?» Et la voix répond : «Mais où êtes-vous?»

Il regarde son père et lui dit : «Mais qu'est-ce qui se passe, papa?» Son père lui dit : «Écoute!» Et alors le père crie : «Je vous admire». Et la voix répond : «Je vous admire». Alors le père explique à son fils : «Les gens appellent ça L'ÉCHO mais on peut aussi appeler ça LA VIE. La vie te rend toujours ce que tu offres. La vie est le miroir de tes actions.

Si tu veux plus d'amour, offre plus d'amour. Si tu veux plus de bonté, offre plus de bonté. Si tu veux plus de respect, offre plus de respect. Tu vois, fiston, les lois de la nature s'appliquent à chacun des aspects de notre vie.»

L'histoire du jambon

 Un jour, un homme voyant sa femme couper un morceau de jambon lui demanda : «Pourquoi coupes-tu le jambon en deux puisque ton chaudron est assez grand pour l'y mettre tout entier ?

— Je ne sais pas, lui répondit sa femme. J'ai toujours vu ma mère le faire de cette façon. C'est sans doute pour qu'il cuise plus facilement».

Cela intrigua toutefois la femme qui alla aussitôt le demander à sa mère. Cette dernière lui répondit qu'elle n'en avait aucune idée. Elle avait toujours vu sa mère préparer son jambon ainsi et elle faisait comme elle.

Elles décidèrent donc de s'en informer auprès de la grand-mère qui leur répondit ceci : «C'est tout simplement que nous étions trop pauvres pour acheter un chaudron de grand format. Alors, je coupais le jambon en deux pour le faire cuire dans deux petits chaudrons.»

Les chaînes de l'habitude sont, en général, trop peu solides pour être senties, jusqu'à ce qu'elles deviennent trop fortes pour être brisées.

Semer...

L'important, c'est de semer, un peu, beaucoup, sans cesse, les graines de l'amour. **Semez la confiance**. Vous ferez luire le soleil à ceux qui n'ont que la nuit. **Semez la compassion**. Vous allumerez un feu dans le cœur de ceux qui ont froid. **Semez le sourire**. Vous verrez une lueur illuminer les regards les plus tristes. **Semez le pardon.** Vous verrez éclore des fleurs sur des sols arides.

Semez du bonheur dans le champ de votre voisin. Vous serez surpris de voir ce que le vent fera produire au vôtre.

Les portes fermées

L e grand Harry Houdini était un maître magicien autant qu'un fabuleux serrurier. Il se vantait de pouvoir s'évader de n'importe quelle cellule de prison du monde en moins d'une heure, à condition d'y être enfermé dans ses vêtements de tous les jours.

Une petite ville des îles Britanniques construisit une prison dont elle était extrêmement fière. Elle lança un défi à Houdini.

«Venez tenter de vous libérer d'une des cellules de notre prison.»

Houdini adorait la publicité et l'argent. Il accepta donc. À son arrivée, l'atmosphère était électrisante, surexcitée et les esprits enfiévrés. Il traversa triomphalement la ville et se rendit tout droit à la cellule désignée. Quand on l'y enferma, il respirait la confiance.

Houdini enleva son veston et se mit à l'œuvre. Il avait caché dans sa ceinture une lame d'acier flexible, dure et solide, de 25 centimètres dont il se servit pour s'attaquer à la serrure et essayer de la forcer. Au bout de 30 minutes, il avait perdu son air confiant.

Au bout de deux heures, Houdini s'écroula contre la porte, qui s'ouvrit d'elle-même. On ne l'avait jamais verrouillée, sauf dans son esprit – ce qui signifiait qu'elle était aussi bien fermée que si mille serruriers l'avaient munie de leurs meilleures serrures.

Les portes que vous croyez fermées ne le sont-elles pas aussi, que dans votre esprit?

– Zig Ziglar, *Rendez-vous au sommet*, p. 190

Reste devant la porte si tu veux qu'on te l'ouvre.
Ne quitte pas la voie si tu veux qu'on te guide.
Rien n'est fermé jamais, sinon à tes propres yeux.

La drogue se raconte

Je suis la drogue. Est-ce que mon nom vous fait frémir? Je suis l'amie fidèle de l'alcool. Mais surtout et avant tout, je vous déteste au plus haut point. Et vous en particulier, les jeunes! Vous savez pourquoi je vous déteste tant? Parce que vous êtes beaux, intelligents et en santé. Mais heureusement, plusieurs d'entre vous sont déjà mes esclaves et sont beaucoup moins reluisants maintenant.

Pour ceux qui l'ignorent, mon travail à moi est l'abrutissement complet du cerveau. C'est ma grande spécialité! J'aime les débiles, les névrosés, les détraqués; enfin, j'aime tout ce qui est dépravé, sauf la beauté. Je trouve la nature laide et j'ai une sainte horreur des fleurs. La nature que Dieu a créée, je la trouve affreuse. C'est pourquoi j'expédie les gens dans des pays d'épouvante, d'horreur et de désolation, d'où très souvent ils ne reviennent jamais...

J'adore quand les gens s'entretuent et volent pour m'obtenir. J'aime les gros trafiquants, les gens sans morale, la saleté, la haine, le désespoir et surtout, la mort. Je suis mondialement connue, car je traverse tous les continents à la vitesse de l'éclair et aucune frontière ne réussit à me résister. Je suis partout à la fois, je me fous de toutes les lois, de tous les principes. Moi, je n'en ai pas.

Je laisse sur mon passage destruction et folie. J'adore ça. Merci de me vendre et aussi, de me consommer et me cacher. Sans votre aide qui m'est précieuse, je ne pourrais anéantir ce qui reste d'amour et de paix sur cette terre.

Si vous aimez les films d'horreur et voulez connaître ce que sont l'angoisse et la peur, et si vous êtes comme moi, l'ennemie jurée de la beauté, de l'amour et du bonheur, alors allez-y, consommez-moi sans hésiter. Vous n'aurez aucune difficulté à me retrouver car je suis dans la poche du «pusher», dans les bars, les brasseries, chez vous, dans le tiroir de l'un de vos jeunes; en fin de compte, partout où mes gentils services sont requis.

Je vous offre même de devenir l'un de mes vendeurs; tel un vampire, toujours à la recherche de sang nouveau. Et mon seul ami est l'alcool, lui m'aime et me respecte. Il sait que je suis beaucoup plus dangereuse que lui, mais ensemble, on forme une belle paire de salauds. Nous vivons dans le bonheur puisque le nombre de nos victimes augmente sans cesse. Que demander de plus ?

Alors, allez les jeunes, confiez-moi votre cerveau. Je me ferai un plaisir de le détraquer, et à tout jamais, je ferai de vous de véritables loques humaines. Et ça, dans les meilleurs délais ! Qui sait, avec un peu de chance, vous pourriez peut-être vous suicider ou alors, terminer vos jours en asile ou en prison...

Je vous laisse réfléchir à tout ça, il faut que je vous quitte, je suis débordée de travail. Des millions de naïfs comme vous m'attendent avec impatience. Désolée, si je ne puis assister à votre enterrement...

La vraie liberté n'est pas de se livrer à tous ses penchants naturels.
Au contraire, c'est être capable de les dominer.

Je dirai non

À ceux qui veulent diriger ma vie ;
À ceux qui veulent m'imposer leurs rêves ;
À ceux qui veulent me soumettre à leur volonté ;
À ceux qui veulent briser ma liberté ;
À ceux qui veulent abuser de moi ;
À ceux qui veulent me décourager ;
À ceux qui veulent me culpabiliser ;
À ceux qui veulent m'empêcher de réussir.

Quand j'aurai osé dire NON à tous ces gens qui ralentissent mon
évolution, je dirai OUI à mes possibilités et à moi-même.

Être le meilleur !

Chacun de nous porte en soi, cachées au plus profond de lui-même, des forces créatrices, et nous avons le devoir de les découvrir et de les utiliser.

Lorsque quelqu'un a découvert pourquoi il a été créé, il doit mettre tout en œuvre pour réaliser au maximum le plan du Créateur, suivant ses propres possibilités. Il doit essayer d'accomplir quelque chose de façon telle que personne ne soit capable de le faire mieux que lui.

Il doit l'effectuer comme s'il s'agissait d'une mission spéciale que lui aurait confiée le Créateur, à lui personnellement, et à ce moment précis de l'histoire du monde. Personne n'est capable de réaliser quelque chose d'exceptionnel s'il n'a pas le sentiment d'avoir été appelé spécialement pour cela. En un mot, s'il n'a pas la vocation.

Si votre mission est d'être balayeur de rues, vous devez balayer les rues dans le même esprit que Michel-Ange lorsqu'il peignait ses toiles, que Beethoven lorsqu'il composait ses symphonies, que Shakespeare lorsqu'il écrivait ses drames. Vous devez balayer les rues d'une façon tellement parfaite que chaque passant puisse dire : «Ici, c'est un grand balayeur qui a travaillé ; il a bien accompli sa tâche.»

Si vous ne pouvez être un arbre sur la colline, soyez un buisson dans la vallée ; mais soyez le meilleur buisson à des lieues à la ronde. Si vous ne pouvez être le soleil, soyez une étoile. La valeur ne se mesure pas aux dimensions. Soyez ce que vous êtes, mais soyez-le à fond !

— *Martin Luther King*

Être une meilleure personne aujourd'hui qu'hier,
voilà la seule compétition valable.

Utilisez avec sagesse chaque minute qui passe.
Ne gaspillez pas votre temps, il est si précieux !
Laissez à demain la chance d'arriver avant de lui régler son sort !

Il ne faut pas avoir peur...

J'ai eu peur d'être seul jusqu'à ce que j'apprenne à m'aimer moi-même.

J'ai eu peur de l'échec jusqu'à ce que je me rende compte que j'échouais si je n'osais pas.

J'ai eu peur de ce que les gens pensaient de moi jusqu'à ce que je réalise que, de toute façon, ils se feraient une opinion de moi.

J'ai eu peur qu'on me repousse jusqu'à ce que je comprenne que je devais croire en moi-même.

J'ai eu peur de la douleur jusqu'à ce que j'apprenne qu'elle était nécessaire pour grandir.

J'ai eu peur de la vérité jusqu'à ce que je découvre la laideur des mensonges.

J'ai eu peur de la haine jusqu'à ce que je me rende compte qu'elle n'était autre chose que de l'ignorance.

J'ai eu peur du ridicule jusqu'à ce que j'apprenne à rire de moi-même.

J'ai eu peur de vieillir jusqu'à ce que je comprenne que je gagnais en sagesse, jour après jour.

J'ai eu peur du passé jusqu'à ce que je comprenne qu'il ne pouvait plus me blesser.

J'ai eu peur du changement jusqu'à ce que je voie que même le plus beau papillon devait passer par une métamorphose pour pouvoir déployer toute sa splendeur.

J'ai eu peur de la mort jusqu'à ce que j'apprenne qu'elle n'était pas une fin, mais un commencement...

Au lieu de penser à ce qui vous fait peur dans la vie, pensez plutôt à ce que vous attendez de la vie.

L'important est à l'intérieur !

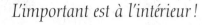

Il était une fois un marchand de ballons qui vendait ses ballons dans les rues de New York. Quand les affaires ralentissaient, il libérait un ballon qui flottait dans l'air, attirant ainsi une nouvelle foule. Il alternait les couleurs, d'abord un blanc, puis un rouge et plus tard, un jaune.

Après quelque temps de ce manège, un jeune Noir lui tira la manche, regarda le marchand de ballons bien en face et lui posa une question profonde et pénétrante : « Monsieur, si vous lanciez un ballon noir vers le ciel, est-ce qu'il s'envolerait comme les autres ? » Le marchand considéra le petit garçon avec toute la compassion, la sagesse et la compréhension dont il pouvait faire preuve, et lui dit : « Fiston, c'est l'hélium dont on gonfle les ballons qui les fait disparaître dans les cieux. D'ailleurs peu importe sa couleur, et même s'il est noir, il s'élèvera vers l'azur avec autant de légèreté, de liberté et de confiance en la voûte céleste qui s'offre à lui. »

— Zig Ziglar, *Rendez-vous au sommet*, p. 41

Il n'existe...

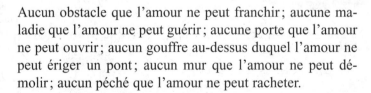

Aucun obstacle que l'amour ne peut franchir ; aucune maladie que l'amour ne peut guérir ; aucune porte que l'amour ne peut ouvrir ; aucun gouffre au-dessus duquel l'amour ne peut ériger un pont ; aucun mur que l'amour ne peut démolir ; aucun péché que l'amour ne peut racheter.

Que le problème paraisse insoluble, la faute impardonnable, l'avenir sans espoir, la situation embrouillée, une manifestation suffisante d'amour peut tout dissiper.

Si seulement vous pouviez aimer assez, si seulement votre amour était aussi grand, vous seriez la personne la plus heureuse et la plus puissante du monde.

— *Emmet Fox*

J'ai reçu des fleurs aujourd'hui...

J'ai reçu des fleurs aujourd'hui. Ce n'était pas mon anniversaire ni une autre fête spéciale. Hier, nous avons eu notre première querelle. Et il m'a adressé les pires insultes qui soient. Elles étaient très méchantes, aussi m'ont-elles fait bien mal et j'en ai éprouvé beaucoup de peine. Je sais qu'il ne pensait pas tout ce qu'il a dit... Parce qu'il m'a envoyé des fleurs aujourd'hui.

J'ai de nouveau reçu des fleurs aujourd'hui. Ce n'était pas mon anniversaire ni une autre fête. Hier soir, il m'a lancée contre le mur et a essayé de m'étrangler. C'était comme un cauchemar, je ne pouvais pas croire que c'était vrai. Il est si gentil quand il veut...

À mon réveil ce matin, j'avais des bleus partout. Je sais qu'il regrette ce qu'il a fait... Parce qu'il m'a envoyé des fleurs ce matin.

J'ai reçu d'autres fleurs aujourd'hui, non ce n'était pas mon anniversaire ni la fête des Mères ni une autre fête spéciale. Hier soir, il m'a encore battue. Et c'était bien pire encore que les autres fois. Si je le quitte, que vais-je faire ? Comment vais-je m'occuper des enfants ? Et l'argent ?

J'ai peur de lui et j'ai peur de partir. D'ailleurs, je sais bien qu'il doit se sentir très mal et regretter ce qu'il a fait... Parce qu'il m'a envoyé des fleurs ce matin.

J'ai eu des fleurs aujourd'hui. Aujourd'hui, c'est une journée bien spéciale... C'est le jour de mes funérailles. Il y a deux jours, il m'a finalement tuée. Il m'a battue à mort.

Si seulement j'avais pu m'armer de tout mon courage et reprendre mes forces en les tenant à bout de bras pour enfin le quitter, je n'aurais pas reçu ces fleurs aujourd'hui...

❀ *Plus vous vous aimerez, moins vous aurez peur de quoi que ce soit.*

❀ *Agissez sans peur et avec courage devant l'adversité et des forces inconnues viendront vous aider.*

Aujourd'hui seulement!

Aujourd'hui seulement, j'essaierai de m'améliorer. Je commencerai par des choses simples : soigner ma tenue vestimentaire, surveiller mon langage et agir avec courtoisie.

Aujourd'hui seulement, je serai positif. Je rechercherai le beau, le bien et le bon en toutes choses. Dès qu'une idée sombre me traversera l'esprit, je la remplacerai rapidement par une pensée de gratitude envers toutes les richesses de ma vie.

Aujourd'hui seulement, je serai aimable. Je sourirai à tous ceux que je rencontrerai et j'aurai un bon mot pour chacun d'eux. Je m'informerai de leurs projets, de leurs champs d'intérêts et je serai sensible à leurs joies et à leurs peines.

Aujourd'hui seulement, je m'abstiendrai de toute critique. Je me rappellerai que chacun sur terre fait du mieux qu'il peut au point où il est rendu et que la seule personne que je peux vraiment améliorer ici-bas, c'est moi-même.

Aujourd'hui seulement, je serai discipliné. Je me nourrirai sainement et je ferai de l'exercice. Je prendrai du temps pour respirer profondément et relâcher toute tension. Je ferai attention à mon corps, car j'y suis relié jusqu'à la fin de ma vie.

Aujourd'hui seulement, je m'offrirai un moment de ressourcement. Je ferai le vide en moi ou encore, j'observerai la nature en silence, en toute quiétude. Je lirai quelques extraits de livres vivifiants et je réviserai mes priorités.

Aujourd'hui seulement, je ferai confiance à la vie. Je me souviendrai que j'ai en moi la force nécessaire pour passer à travers toutes les expériences qui surgiront sur mon chemin et je m'appliquerai à découvrir la richesse que chacune d'elles pourra m'apporter.

Aujourd'hui seulement, je serai heureux. Le bonheur est une décision et je serai heureux dans la mesure où j'aurai décidé de l'être.

Il faut savoir utiliser le temps de la vie comme une cueillette de fruits : abandonner les fruits qui sont déjà tombés, cueillir ceux qui sont mûrs, et laisser les autres mûrir pour demain.

Souriez et dites merci !

Prenez un moment pour sourire et dire merci... Cela demande si peu d'effort qu'on est en droit de se demander pourquoi il n'y a pas plus de gens qui le disent. L'importance du «merci» ne devrait jamais varier, qu'il s'agisse de l'achat d'une nouvelle voiture ou d'un timbre-poste.

Vous obtiendrez plus de biens, plus d'amis, et beaucoup plus de plaisirs de la vie si vous remerciez les gens pour les moindres faveurs qu'ils vous accordent.

Faites du mot «merci» une habitude quotidienne, comme votre café ou votre jus d'orange au petit déjeuner. Dites merci à vos collègues de bureau, votre caissière, vos enfants, le livreur de journaux, la personne qui vous tient la porte, etc.

Un «merci» chaleureux touche le cœur et vous enrichira ! Essayez dès aujourd'hui.

— D'après Elmer Wheeler

Il n'y a pas de plus bel excès que celui de la reconnaissance.

Dieu, si Tu existes...

Parle-moi ! Et aussitôt un oiseau chanta...
Montre-moi un miracle ! Et une vie naquit...
Donne-moi un signe ! Et le tonnerre gronda...
Laisse-moi te voir ! Et une étoile scintilla dans le ciel...
Laisse-moi savoir que tu es là ! Et un papillon se posa sur elle…

Mais la personne ne remarqua rien de tout ça et continua à demander à Dieu une preuve de son existence...

L'arbre à souhaits

Un voyageur très fatigué s'était accroupi à l'ombre d'un arbre sans se douter le moins du monde qu'il était en présence d'un arbre magique, enfin un arbre à réaliser des souhaits.

Assis sur la terre dure, il pensa qu'il serait bien agréable de se retrouver allongé dans un lit moelleux. Aussitôt pensé, aussitôt fait, ce lit apparut comme par enchantement à côté de lui.

Tout en étant complètement estomaqué par cette situation des plus inattendues, l'homme s'y installa avec joie en se disant qu'il serait au comble du bonheur si une jeune fille venait à passer et lui offrirait aimablement de masser ses jambes fatiguées. Sur ce, la jeune fille en question apparut et lui massa très agréablement les jambes et les pieds.

Toutes ces émotions soudaines ne manquèrent pas de lui creuser l'appétit : *«J'ai une de ces faims, se dit l'homme, et j'avoue que de manger en ce moment serait à coup sûr un pur délice.»* Une table surgit sur-le-champ, chargée de mets succulents.

L'homme se régala. Il mangea et but si bien que la tête lui tournait un peu et que ses idées n'étaient plus aussi claires. Ses paupières, sous l'action du vin et de la fatigue, se fermèrent. Il se laissa aller de tout son long sur le lit, en songeant encore aux merveilleux événements de cette journée extraordinaire.

«Je vais dormir une heure ou deux, se dit-il, le pire serait qu'un tigre passe par ici pendant que je dors.»

Mal lui en prit, car un tigre bondit illico, tapi derrière un talus herbeux avoisinant, et le dévora en moins de temps qu'il n'en faut pour le dire.

❋ *Il existe une force immensément plus puissante que la dynamite : c'est la force de vos pensées.*

❋ *Chaque jour, chaque heure, chacune de vos pensées est une graine de succès ou d'échec que vous semez au plus profond de votre esprit.*

Le flocon de neige

«Dis-moi, combien pèse un flocon de neige?», demanda la mésange à la colombe. «Absolument rien», fut la réponse. Alors, la mésange raconta à la colombe une histoire.

«J'étais sur la branche d'un sapin quand il se mit à neiger, doucement, en toute délicatesse. Comme je n'avais rien de mieux à faire, je commençai à compter chacun des flocons qui s'amoncelaient l'un après l'autre sur la branche où j'étais perchée. Il en tomba 3 751 952. Lorsque le 3 751 953e se déposa sur la branche, celle-ci se fracassa.»

La colombe, que l'on considérait comme une autorité et une ambassadrice hors pair en matière de paix, réfléchit un moment et dit finalement : «Peut-être ne manque-t-il au fond qu'une seule personne pour que toute la haine qui régit des grandes parties de l'univers bascule, et que le monde vive enfin en paix.»

Il s'éteint lentement...

Celui qui ne voyage pas, qui ne lit pas, qui ne sait pas écouter la musique, ou encore rire de lui-même...

Celui qui est esclave de sa maison, qui passe toujours par les mêmes chemins, qui ne change jamais de marque pour tel ou tel produit, ou qui ne parle jamais aux étrangers.

Celui qui évite la passion et son tourbillon d'émotions... Celles qui redonnent de la lumière dans les yeux et qui réparent les cœurs brisés.

Celui qui ne change pas de cap même s'il est profondément malheureux au travail ou en amour, celui qui ne prend pas de risques en vue de réaliser ses rêves, celui qui, pas une seule fois dans sa vie, n'a fui les conseils sensés pour ne pas déroger à ses principes ultraconservateurs. Vivons, risquons et agissons aujourd'hui !

— *Traduction d'un texte de Pablo Neruda, Prix Nobel de Littérature 1971*

Quelques petits ennuis?

Un jour, en marchant sur la rue, je vis venir à ma rencontre mon ami Georges. À son air abattu, je compris tout de suite qu'il ne nageait pas dans le bonheur…

Je lui demandai donc tout bonnement : «Comment vas-tu Georges?» C'était une simple question de politesse, mais qu'il a prise très au sérieux et, pendant un quart d'heure, il m'a expliqué à quel point il se sentait mal. Et plus il parlait, plus je me sentais mal à mon tour. Je finis par lui dire : «Georges, je suis vraiment désolé de te voir aussi déprimé. Comment en es-tu arrivé là?»

Ma question fut une fois de plus un élément déclencheur.

«C'est à cause de mes ennuis, m'a-t-il répondu. Des ennuis, toujours des ennuis! J'en ai assez des ennuis. Si tu peux me débarrasser de tous mes ennuis, je suis prêt à verser cinq mille dollars à l'œuvre de bienfaisance de ton choix.»

N'étant pas homme à négliger une offre pareille, je réfléchis mûrement à sa proposition et, au bout de mes réflexions, je trouvai une réponse qui me paraissait judicieuse.

Je dis à Georges : «Hier, je suis allé dans un endroit où résident des milliers de gens. D'après ce que j'ai pu constater, aucun d'eux n'avait d'ennuis. Aimerais-tu y aller?

Ici, pas d'ennuis. C'est garanti!

— Quand est-ce qu'on part? a rétorqué Georges. Cet endroit est fait pour moi.

— Dans ce cas, Georges, je me ferai un plaisir de te conduire demain au cimetière parce que les seules personnes que je connaisse qui n'ont pas d'ennuis sont mortes.»

La vie appartient à ceux qui luttent et non à ceux qui se butent.

Petite légende hindoue

Il y eut un temps où tous les hommes étaient des dieux. Mais ils abusèrent tellement de leur divinité que Brahma, le maître des dieux, décida de leur enlever ce pouvoir divin et de le cacher à un endroit où il leur serait impossible de le retrouver. Le grand problème fut donc de lui trouver une cachette.

Brahma réunit le conseil des dieux. Ces derniers lui proposèrent ceci : « Enterrons le pouvoir de l'homme dans la terre. » Mais Brahma répondit : « Non, cela ne suffira pas, car l'homme creusera et le trouvera. » Alors, les dieux répliquèrent : « Dans ce cas, jetons-le au plus profond des océans. » Mais Brahma répondit à nouveau : « Non, car tôt ou tard, l'homme explorera les profondeurs des océans et il est certain qu'un jour, il le trouvera et le fera remonter à la surface. » Alors, les dieux conclurent : « Nous ne savons pas où le cacher, car il ne semble pas exister, sur terre ou dans la mer, un endroit que l'homme ne puisse atteindre un jour. »

Alors Brahma dit : « Voici ce que nous ferons du pouvoir de l'homme : nous le cacherons au plus profond de lui-même, car c'est le seul endroit où il ne pensera jamais à aller chercher. »

Depuis ce temps, conclut la légende, l'homme a fait le tour de la terre, il a exploré, escaladé, plongé et creusé, à la recherche de quelque chose qui finalement, se trouve en lui…

❀ *Si vous ne trouvez pas la paix à l'intérieur de vous, vous ne la trouverez jamais ailleurs.*

❀ *Ce qu'il y a derrière nous et devant nous n'est rien à comparer avec ce qu'il y a à l'intérieur de nous.*

❀ *Ce n'est pas la voile majestueuse qui fait avancer le bateau, mais le vent invisible.*

La chaise vide

Son père étant gravement malade et sentant sa fin proche, la fille d'un homme demanda au pasteur de sa localité de venir prier avec son père mourant.

Lorsque le pasteur arriva, il trouva l'homme étendu sur son lit, une chaise vide tout près de lui. Le pasteur, présumant que le vieil homme attendait sa visite, dit alors : «Vous m'attendiez?

— Mais non! Qui êtes-vous?» Le pasteur se présenta donc puis lui fit cette remarque : «J'ai vu la chaise vide, alors j'en ai déduit que vous saviez que j'allais venir!

— Ah oui... la chaise. Je n'en ai guère parlé jusqu'ici, dit l'homme, mais durant toute ma vie, je n'ai jamais su comment prier. À l'église, quand le pasteur parlait de la prière, cela m'entrait par une oreille et me sortait par l'autre. Puis un beau jour, mon meilleur ami m'a dit :

«Jean, je t'assure que la prière n'a rien de compliqué, c'est simplement une question de conversation avec Dieu. Mets une chaise vide en face de toi, et dans la foi, vois Dieu assis sur la chaise. Souviens-toi qu'Il nous a fait cette promesse : «Je serai toujours avec vous. Puis parle-Lui avec ton cœur comme tu le fais avec moi en ce moment.»

Alors, j'ai essayé et j'ai tellement aimé ça que je Lui parle désormais quelques heures chaque jour. S'il fallait que ma fille me voie...»

Le pasteur, touché par cette histoire, encouragea le vieil homme à continuer sa relation toute simple avec Dieu. Il pria avec lui, prit soin d'oindre son front d'huile et retourna à l'église.

Deux jours plus tard, la fille du vieil homme appela le pasteur et l'informa que son père était mort au cours de l'après-midi.

«Est-il mort en paix? s'enquerra-t-il.

— Oui, enfin je crois... Lorsque je suis revenue à la maison, je l'ai retrouvé gisant là, la tête appuyée sur la chaise près de son lit. Il avait rendu l'âme. Que pensez-vous de cela?»

Le pasteur essuya furtivement une larme et dit : «J'aimerais tant que nous puissions tous quitter ce monde d'aussi belle manière.»

Gagner

Si vous pensez que vous êtes battu, vous l'êtes. Si vous pensez que vous n'oserez pas, vous ne le ferez pas. Si vous aimez gagner, mais pensez que vous ne le pouvez pas, votre défaite est quasi certaine. Si vous pensez que vous allez perdre, vous êtes perdu, car le succès commence par la volonté manifeste de réussir.

Tout est une question d'état d'esprit. Les batailles de la vie ne sont pas toujours remportées par le plus fort ou le plus rapide des hommes. Mais, tôt ou tard, l'homme qui gagne est celui qui pense qu'il le peut.

Lorsque vous êtes inspiré par un grand but et investi dans un projet extraordinaire, toutes vos pensées brisent leurs liens : votre esprit transcende ses limites, votre conscience s'étend dans toutes les directions et vous vous trouvez dans un nouveau monde merveilleux et grandiose.

Les forces, les facultés et les talents qui dormaient en vous, s'éveillent et vous découvrez que vous êtes un être infiniment supérieur à celui que vous avez rêvé d'être un jour.

— *Patañjali*

« Je voudrais » n'a jamais rien fait.
« J'essaierai » a fait de grandes choses.
« Je veux » a fait des miracles.

Cinq règles pour être heureux

1. Libérez votre cœur de la haine ;
2. Déchargez votre tête des soucis ;
3. Vivez simplement ;
4. Donnez plus ;
5. Attendez-vous à moins.

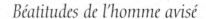

Béatitudes de l'homme avisé

Heureux celui qui sait se contenter de peu de choses, car rien n'est plus contraire au bonheur que de chercher un trop grand bonheur.

Heureux celui qui sait goûter le bonheur offert en ce moment présent, car le bonheur d'hier est passé et celui de demain n'est pas encore né.

Heureux celui qui a la force d'avancer jusqu'au bout de la nuit, car il est assuré de voir poindre une autre aurore à l'horizon.

Heureux celui qui donne toujours le meilleur de lui-même, car il n'aura jamais rien à se reprocher.

Heureux celui qui a découvert que l'amour est le levier le plus puissant, car il deviendra capable de surmonter les pires obstacles et d'entraîner les autres à sa suite.

Heureux celui qui trouve sa joie dans la joie des autres, car personne n'a le droit d'être heureux seul.

Heureux celui qui est habité par un esprit optimiste, car il commence par apprécier ce qu'il a avant de se plaindre de ce qui lui manque.

Heureux celui qui sourit à la vie et qui sème la joie dans son milieu, car la vie lui sourira et il récoltera ce qu'il aura semé.

Heureux celui qui prend sa revanche sur son ennemi en lui faisant du bien, car il guérit par lui-même la plaie de son cœur et il apprend ainsi à vivre de manière divine.

Heureux celui qui met sa confiance en l'Éternel, car sa soif d'infini ne sera jamais déçue.

— *Charles-Eugène Plourde*

Le bonheur, c'est de faire ce qu'on aime, d'avoir
quelqu'un à aimer et de l'espoir pour demain.

Deux amis

Deux amis marchaient dans le désert. À un moment donné, ils se disputèrent et l'un d'eux gifla l'autre. Ce dernier, même s'il avait la joue endolorie, ne dit rien et écrivit dans le sable : « Aujourd'hui, mon meilleur ami m'a donné une gifle. »

Ils continuèrent de marcher puis trouvèrent une oasis avec un point d'eau dans lequel ils décidèrent de se baigner. Celui qui avait été giflé faillit se noyer, mais son ami arriva à la rescousse et le sauva d'une mort certaine.

Quand il revint à lui, il écrivit sur une pierre : « Aujourd'hui, mon meilleur ami m'a sauvé la vie. »

Celui qui avait donné la gifle et qui avait secouru son ami lui demanda : « Quand je t'ai frappé sur la joue malencontreusement, tu l'as écrit sur le sable, et maintenant, tu l'écris sur la pierre. Pourquoi donc ? »

L'autre ami lui répondit : « Quand quelqu'un nous blesse, nous devons en marquer l'empreinte dans le sable, là où les vents du pardon pourront l'effacer et la disperser aux quatre vents. Mais quand quelqu'un fait quelque chose de bien et de noble pour nous, nous devons le graver dans la pierre, là où aucun vent ne pourra jamais l'effacer et en altérer l'éclat.

« Apprends donc à écrire tes blessures dans le sable et à graver tes joies dans la pierre. »

Quelle belle leçon pour l'esprit de ne pas faire attention au temps qui passe, sauf pour ses avantages, de ne regarder que les sourires, de négliger les vicissitudes du destin, de composer notre vie de moments brillants et agréables, toujours attentif à la face ensoleillée des choses, laissant le reste s'échapper de notre imagination, ignoré ou oublié au fil du temps.

Le pouvoir des mots

 Un orateur discourait, pour le bénéfice de son auditoire, du pouvoir de la pensée positive et des mots. Un participant lève la main et affirme avec une certaine arrogance dans le ton :

« Ce n'est pas en disant : "Bonheur, bonheur, bonheur" que je vais me sentir mieux ni en invoquant : "Malheur, malheur, malheur" que je me sentirai moins bien. Ce ne sont que des mots. Les mots sont en eux-mêmes sans pouvoir... »

L'orateur lui rétorque de but en blanc : « Taisez-vous espèce d'idiot, vous êtes incapable de comprendre quoi que ce soit ! »

Le participant, paralysé par la rage qu'il sent monter dans sa tête est tellement hors de lui qu'il est en train de changer de couleur et s'apprête à faire une répartie cinglante : « Vous, espèce de... »

L'orateur lève la main : « Je vous prie de m'excuser, monsieur. Je ne voulais surtout pas vous blesser. Acceptez mes excuses les plus humbles. »

Le participant se calma instantanément. C'est alors que la clameur des murmures discrets et l'impatience de la salle qui se manifestait par quelques mouvements emportés s'élevèrent..

L'orateur leur somma de retrouver leur calme et reprit en s'adressant au participant irrité : « Vous avez la réponse à la question que vous vous posiez. Quelques mots ont déclenché chez vous une grande colère. D'autres mots vous ont apaisé. Comprenez-vous mieux maintenant le réel pouvoir des mots ? »

✳ *Une parole douce peut ouvrir même les portes de fer.*

✳ *Un mot et tout est perdu ; un mot et tout est sauvé.*

✳ *La parole douce rompt la colère ; la parole dure excite la fureur.*

Comment créer une récession ?

Un homme vivait sur le bord d'une route et vendait des hot-dogs dans un petit stand aménagé tout près de sa maison. Il était sourd et par conséquent, il n'avait pas de radio. Sa vue étant considérablement affaiblie, il ne lisait aucun journal. Mais chose certaine, il vendait d'excellents hot-dogs.

Il installa sur la route des panneaux-réclames afin de faire la promotion de ses hot-dogs, faisant valoir à quel point ils étaient bons. Tout enthousiaste, il criait aux gens qui passaient : «Monsieur, madame, venez goûter à mes succulents hot-dogs!» et les passants en achetaient. Son entreprise était tellement florissante, qu'il dut augmenter ses approvisionnements en pains et en saucisses, mais qu'à cela ne tienne, il en était des plus heureux. Aussi se procura-t-il un réchaud plus efficace et qui lui donnerait un meilleur rendement pour satisfaire aux exigences de sa clientèle et pour faire prospérer son commerce.

Pour le seconder quelque peu car sa charge devenait plus lourde, il rappela son fils auprès de lui qui étudiait au collège... Ce dernier, loin de l'encourager, joua plutôt un rôle de rabat-joie : «Mais papa, c'est vrai que tu n'as pas pu écouter la radio ni lire les journaux, mais je t'assure qu'une grande récession s'annonce. La situation internationale est bouleversée et la situation nationale est pire encore.»

Comme on peut l'imaginer, toutes ces prophéties de malheur ne furent pas sans secouer le père qui se fit la réflexion suivante : *« Eh bien, mon fils a fréquenté le collège, il écoute la radio et lit les journaux, par conséquent il est au courant des nouvelles de l'heure, il doit avoir raison. »*

Alors, le père s'empressa de réduire ses commandes de pains et de saucisses, il enleva ses panneaux-réclames et cessa de se tenir sur le bord de la route pour inviter les gens à acheter ses hot-dogs. Bien entendu, dans ces circonstances, ses ventes baissèrent à vue d'œil.

«Tu avais raison, dit le père à son fils. Nous sommes vraiment en pleine période de récession.»

Ce n'est pas l'échec qui vous retient d'accomplir vos rêves,
c'est la peur de l'échec.

Tout de même...

Les gens sont déraisonnables, illogiques et égocentriques. Aimez-les tout de même !

Si vous faites le bien, les gens vous prêtent des motifs égoïstes ou calculateurs. Faites le bien tout de même !

Si vous réussissez, vous gagnerez de faux amis et de vrais ennemis. Réussissez tout de même !

L'honnêteté et la franchise vous rendent vulnérable. Soyez honnête et franc tout de même !

Ce que vous avez mis des années à construire peut être détruit du jour au lendemain. Construisez tout de même !

Les pauvres ont besoin de votre secours, mais certains peuvent vous attaquer si vous les aidez. Aidez-les tout de même !

Si vous donnez au monde le meilleur de vous-même, vous risquez d'y laisser des plumes. Donnez ce que vous avez de mieux tout de même !

— *Texte placardé sur le mur de l'orphelinat Shishu Bhavan, le foyer des enfants de Mère Teresa, à Calcutta*

Aujourd'hui !

Admirez ce jour car il est la vie même de la vie. Tout est là, dans sa courte durée et en fait partie intégrante : toute la réalité, toute la vérité de l'existence, la félicité de la croissance, la splendeur de l'action, la gloire de la puissance...

Hier n'est qu'un rêve et demain n'est qu'une vision. Mais cet aujourd'hui, bien vécu, fait de chaque hier, un rêve de bonheur et de chaque demain, une vision d'espoir. Donc, vivez ce jour avec confiance.

Comment sont les gens ?

Un vieil homme, reconnu pour sa grande sagesse, était assis à l'entrée d'une ville. Un jeune homme s'en approcha et lui dit : « Je ne suis jamais venu ici ; comment sont les gens qui vivent dans cette ville ? »

Le vieil homme lui répondit par une question : « Comment étaient les gens dans la ville d'où tu viens ?

— Égoïstes et méchants. C'est d'ailleurs la raison pour laquelle j'étais bien content de partir », dit le jeune homme.

Le vieillard lui répondit : « Tu trouveras les mêmes gens ici. »

Un peu plus tard, un autre jeune homme s'approcha et lui posa exactement la même question. « Je viens tout juste d'arriver dans la région ; comment sont les gens qui vivent dans cette ville ? »

Et le vieil homme répondit encore par cette même question : « Dis-moi, mon garçon, comment étaient les gens dans la ville d'où tu viens ?

— Ils étaient bons, accueillants et honnêtes ; j'y avais de bons amis et j'ai eu peine à les quitter, répondit le jeune homme.

— Tu trouveras les mêmes ici », répondit le vieil homme.

Un marchand qui travaillait non loin de là avait entendu les deux conversations. Dès que le vieil homme fut seul, il s'approcha de lui et lui dit sur un ton de reproche : « Comment pouvez-vous donner deux réponses contradictoires à une même question ? »

Et le vieillard répondit : « Chacun porte en son cœur son propre univers et le retrouvera en tous lieux. Changez votre cœur, et votre regard sur les autres et sur le monde sera changé... »

Nous voyons le monde non pas tel qu'il est,
mais tel que nous sommes.

Le grillon

Un Amérindien et son ami, en visite au centre-ville de New York, marchaient dans Manhattan. C'était l'heure du lunch et les rues étaient très achalandées. Les autos klaxonnaient de plus belle, les taxis faisaient crisser leurs pneus sur les coins de rue et les bruits de la ville rendaient presque sourds. Soudain, l'Amérindien dit : «J'entends un grillon.»

Son ami répondit : «Quoi? Tu dois être fou. Tu ne pourrais jamais entendre un grillon au milieu de tout ce vacarme!

— Non, j'en suis sûr, dit l'Amérindien, j'entends vraiment un grillon.

— C'est insensé», dit l'ami.

L'Amérindien écouta attentivement puis traversa la rue jusqu'à un petit boisé perdu au cœur de toutes ces plateformes en ciment où poussaient quelques arbustes. Il regarda à l'intérieur des arbustes, sous les branches et avec assurance, il localisa un petit grillon. Son ami était complètement stupéfait.

«C'est incroyable, dit son ami, tu dois avoir une ouïe spéciale.

— Non, répondit l'Amérindien, mes oreilles ne sont pas différentes des tiennes. Tout ça dépend de ce que tu cherches à entendre.

— Mais ça ne se peut pas! dit l'ami. Je ne pourrais jamais entendre un grillon dans ce bruit.

— Oui, c'est vrai, répliqua l'Amérindien, ça dépend de ce qui est vraiment important pour toi. Tiens, laisse-moi te le démontrer.»

Il fouilla dans sa poche, en retira quelques pièces de monnaie et discrètement les jeta sur le trottoir. Et alors, malgré le fracas de la rue bondée de monde, ils remarquèrent que toutes les têtes, jusqu'à une distance de sept mètres d'eux, se tournaient et regardaient pour voir si la monnaie qui tintait sur la chaussée était la leur.

«Tu vois ce que je veux dire? demanda l'Amérindien. Tout dépend de ce qui revêt de l'importance pour toi.»

Rien n'est plus fort que l'amour

L'amour est plus fort que tout. Même si la vie vous a parfois déçu, même si des gens vous ont blessé, même si vous croyez à tout jamais l'espoir perdu, sachez que l'amour saura tout réparer si vous le laissez entrer dans votre cœur. L'amour pardonne tout, efface tout et redonne confiance.

Si vous cessez de vous apitoyer sur les erreurs du passé et si vous acceptez d'abandonner les craintes de l'avenir, vous faites un premier pas pour trouver l'amour, car l'amour ne peut cohabiter avec les reproches, la colère et la peur. L'amour fait oublier les souffrances et supprime la haine.

L'amour est une émotion qui ne cherche pas à être comprise, mais seulement ressentie et partagée. Si vous cherchez l'amour, commencez par le donner, le répandre autour de vous, l'irradier du plus profond de votre être et c'est alors qu'il viendra vers vous, comme attiré par son semblable.

Les nains et les géants

Jadis, dans un pays lointain, les hommes étaient, soit des géants, soit des nains. Les nains marchaient en se redressant pour ne pas gêner les géants et les géants, eux, marchaient en se penchant pour que les nains ne se sentent pas perdus.

Tel est le conte de fées qu'il nous faudrait vivre chaque jour : de mettre nos yeux au niveau du regard des autres et de dire : « C'est donc ainsi que vous voyez les choses. »

Savoir se mettre au niveau des autres ;
voilà l'essence même de la vraie grandeur.

C'est génial !

Un roi africain avait un ami d'enfance qui était très proche de lui. Cet ami avait cependant une habitude curieuse : quel que soit l'événement qui lui arrivait, positif ou négatif, il disait sans hésiter : « C'est génial ! »

Un jour, le roi et son ami partirent à la chasse. L'ami se proposa pour préparer les fusils du roi, ce qu'il fit. Mais il effectua sans doute une manœuvre inappropriée, car un des fusils explosa dans les mains du roi et le priva d'un des ses pouces.

Au moment où cet accident arriva, l'ami, avec son optimisme légendaire, répéta comme d'habitude :

« C'est génial ! » Mais cette fois-ci le roi n'entendait vraiment pas à rire, et puisqu'il était dans une colère terrible, il lui répondit vertement : « Non, ce n'est pas génial du tout ! » Et il en donna la preuve à son ami en ordonnant qu'on le jette en prison.

Un an plus tard, le roi chassait hors des terres de son royaume. Des cannibales le capturèrent et le firent prisonnier dans leur village. Ils le mirent dans une marmite et s'apprêtaient à le faire bouillir pour le manger, mais au moment où ils étaient sur le point d'allumer la flamme, ils s'aperçurent qu'il lui manquait un pouce. Or, l'une des croyances de cette tribu primitive était que s'ils s'avisaient de dévorer le roi alors qu'il lui manquait un membre, il leur arriverait la même chose. Ils détachèrent donc le roi et le laissèrent partir.

Sur le chemin du retour, exténué, et passablement secoué, il se souvint des circonstances dans lesquelles il avait perdu son pouce. Aussi, à peine arrivé chez lui, il se fit conduire à la prison où était son ami.

« Tu avais raison, mon ami, dit-il, c'était génial que je perde mon pouce. Je te supplie de me pardonner de t'avoir laissé croupir en prison si longtemps. Je me rends compte que c'était mal de ma part de t'avoir fait jeter au cachot. »

Son ami lui répondit : « Mais non, c'était génial au contraire !

— Qu'est-ce que tu veux dire ? Comment le fait de t'avoir fait emprisonner, toi, mon ami, pourrait-il être génial ?

— Si je n'avais pas été en prison, je me serais retrouvé avec toi à la chasse et ils m'auraient mangé. »

Le mot magique

S'il nous était donné de choisir un seul mot, je le choisirais sans aucune hésitation. Je pense qu'il est le plus beau, le plus intelligent que l'être humain ait pu inventer.

Il est sans aucun doute le seul qui puisse rassembler et faire vivre en harmonie la plus grande partie de gens de différentes confessions ou couleurs.

Il permet de faire en sorte que les jeunes et les vieux, les beaux et les laids, les forts et les faibles, les cultivés et les ignares se supportent mutuellement, ainsi que les courageux et les paresseux.

Il aplanit les idées sur les opinions et les convictions opposées. Il évite les discordes dans les ménages et dans la vie quotidienne.

Avec lui, la vie devient facile. Il suffit de l'appliquer avec toute la portée et toute la grandeur qu'il mérite de par son nom symbolique. Toujours cité. Rarement appliqué…

Mais quel est ce mot magique dont tout le monde veut s'approprier ? Ce divin mot est tout simplement la tolérance.

— *Francis Mauro*

La mort, c'est...

« La mort, c'est tout simplement le corps qui se débarrasse de son enveloppe, tel le papillon qui sort de son cocon.

La mort, c'est l'acquisition d'un état de conscience supérieur, où vous continuez à percevoir ce qui se passe autour de vous et en vous, à comprendre, à rire, à grandir.

La seule chose que vous perdez est un élément dont vous n'avez plus besoin : votre corps. C'est comme enlever son manteau d'hiver à l'arrivée du printemps. »

— *Elisabeth Kübler-Ross*

Sagesse du dalaï-lama

 Un chef d'État recevant le dalaï-lama, lui demanda : «Cher dalaï-lama, pouvez-vous m'éclairer sur votre secret? Avec toutes les misères, les catastrophes que vous avez constatées à travers le monde, les nombreuses responsabilités que vous avez assumées, vos voyages, vos conférences, comment faites-vous pour rester serein?

— Cher ami, voici mon secret : quand je suis assis, je suis assis. Quand je me lève, je me lève. Quand je mange, je mange. Quand je parle, je parle.

— Mais cher dalaï-lama, moi aussi... Quand je suis assis, je suis assis. Quand je me lève, je me lève. Quand je mange, je mange. Quand je parle, je parle.

— Non, répond le sage en lui souriant. Cher ami, voici la différence : quand vous êtes assis, vous pensez à vous lever. Quand vous vous levez, vous pensez à courir. Et quand vous courez, vous pensez à votre but.»

Vivre, c'est se reposer dans le présent.

Question d'efficacité

En quête de sagesse, un homme vient de passer trois semaines exténuantes à gravir une haute montagne escarpée. En arrivant au sommet, il rencontre enfin un vieux sage et lui demande : «Homme de sagesse, comment pourrais-je rendre ma vie plus heureuse?»

Et le sage de lui répondre : «Pour commencer, la prochaine fois que tu auras envie de venir ici, va de l'autre côté de la montagne et prend le tramway.»

— *Gary Apple*

Il n'y a rien de plus inutile que de faire avec efficacité
quelque chose qui ne doit pas être fait du tout.

Le jardin du roi

Il était une fois un roi qui avait planté près de son château toutes sortes d'arbres, de plantes et de fleurs. Son jardin était d'une grande beauté. Chaque matin, il s'y promenait et le contemplait.

Un jour, il dut s'absenter de son royaume pour une longue période. À son retour, il s'empressa de se rendre de nouveau dans son jardin. Quelle désolation de constater que les plantes et les arbres étaient en train de se dessécher.

Il s'adressa au pin, autrefois majestueux et plein de vie, et lui demanda ce qui s'était passé. Il lui répondit : « J'ai regardé le pommier et je me suis dit que jamais je ne produirais tous ces bons fruits. Je me suis découragé et j'ai commencé à sécher. »

Le roi alla trouver le pommier qui, lui aussi, se desséchait. Il l'interrogea et celui-ci dit : « En regardant la rose et en sentant son parfum, je me suis dit que jamais je ne serais aussi beau et agréable, alors je me suis mis à sécher. »

Comme la rose elle-même était en train de dépérir, il alla lui parler et elle lui dit : « Comme c'est dommage que je n'aie pas l'âge de l'érable qui est là-bas et que mes feuilles ne se colorent pas à l'automne. Dans ces conditions, à quoi bon vivre et faire de simples fleurs ? Je me suis donc mise à dessécher. »

Poursuivant son exploration, le roi aperçut une magnifique petite fleur. Elle était tout épanouie. Il lui demanda comment il se faisait qu'elle soit si vivante.

« J'ai failli me dessécher moi aussi, car au début, je me désolais. Jamais je n'aurais la majesté d'un pin ni le parfum de la rose. Après moult réflexions, je me suis dit : *"Si le roi qui est puissant et sage avait voulu retrouver quelque chose d'autre à ma place, il l'aurait planté. Puisqu'il m'a plantée, c'est qu'il me voulait moi, telle que je suis, et à partir de ce moment-là, j'ai décidé d'être la plus belle possible."* »

Tout le monde a une mission dans la vie,
un don unique ou un talent spécial à offrir à autrui.

Le bonheur à votre portée

Nous nous convainquons que la vie ira mieux une fois que nous serons mariés, aurons un bébé, puis un autre. Ensuite, nous sommes frustrés parce que nos enfants ne sont pas assez vieux et que tout ira mieux lorsqu'ils seront plus grands. Puis, nous sommes frustrés lorsqu'ils arrivent à l'adolescence et que nous devons négocier avec eux. Nous serons certainement heureux lorsqu'ils auront franchi cette étape.

Nous nous disons que notre vie sera comblée lorsque notre conjoint se reprendra en main, lorsque nous aurons une plus belle voiture, lorsque nous pourrons faire un voyage, lorsque nous prendrons notre retraite. La vérité, c'est qu'il n'y a pas de meilleur moment pour être heureux que maintenant. Sinon, quand? Notre vie sera toujours remplie de défis. Il est préférable de l'admettre et de décider d'être heureux, malgré tout.

Voici une citation d'Alfred D. Souza. Il dit : « Pendant très longtemps, il me semblait que ma vie allait commencer, la vraie vie. Mais il y avait toujours des obstacles tout au long du chemin : une épreuve à traverser, un travail à terminer, du temps à donner, une dette à payer. Puis, la vie commencerait. J'ai enfin compris que ces obstacles étaient ma vie. »

Cette perspective m'a aidé à voir qu'il n'y a pas de chemin vers le bonheur. Le bonheur est le chemin... Alors, appréciez chaque instant.

Cessez donc d'attendre d'avoir fini l'école, de retourner à l'école, de perdre cinq kilos, de prendre cinq kilos, de commencer à travailler, de vous marier, d'arriver au vendredi, aux fêtes ou aux vacances, de posséder une nouvelle voiture, de finir de payer votre hypothèque, de voir revenir le printemps, l'été, l'automne, l'hiver, avant de décider qu'il n'y a pas de meilleur moment que maintenant pour être heureux...

━━━━━━━━━━━━

❀ *Quand vous buvez de l'eau, n'oubliez pas la source.*

❀ *Quand on ne veut plus se battre, on accuse le destin.*

❀ *Agir dans la colère, c'est mettre la voile dans la tempête.*

Le non-voyant

Un jour, un non-voyant était assis sur les marches d'un bâtiment avec un chapeau à ses pieds et un carton portant l'inscription : «Je suis aveugle, aidez-moi s'il vous plaît».

Un publicitaire qui se promenait par là s'arrêta et remarqua qu'il n'y avait que quelques sous dans son chapeau. Il se pencha, déposa sa monnaie dans le chapeau, puis sans demander son avis à l'homme, il prit le carton, le tourna et inscrivit quelque chose.

Le même après-midi, le publicitaire revint près de l'aveugle et vit que le chapeau était plein de pièces de monnaie et de billets. Le non-voyant reconnut le pas de l'homme et lui demanda si c'était lui qui avait inscrit quelque chose sur son carton, et ce qu'il y avait noté.

Le publicitaire répondit : «Rien que des choses vraies : j'ai seulement réécrit ta phrase d'une autre manière.»

Il sourit et s'en alla. Le non-voyant ne sut jamais que sur son carton, il était écrit : «Aujourd'hui, c'est le printemps, et moi, je ne peux pas le voir».

On attire toujours l'attention quand on accomplit les choses les plus courantes de la vie, de la façon la moins courante.

❋ *Rien ne vous empêche de couper tous les ponts, à condition d'être bien certain de pouvoir toujours nager seul...*

❋ *Tu veux savoir si ta mission sur terre est terminée? Eh bien, si tu es vivant, c'est qu'elle ne l'est pas.*

❋ *Si je passais autant de temps à régler les affaires qui me préoccupent que j'en passe à être préoccupé de ne pas les avoir réglées, je n'aurais plus de sujets de préoccupations.*

❋ *Faire croire à quelqu'un qu'il est bon, c'est en quelque sorte le forcer presque malgré lui à le devenir.*

Être jeune...

La jeunesse n'est pas une période de
la vie ; elle est un état d'esprit, un effet de
la volonté, une qualité de l'imagination, une
intensité émotive, une victoire du courage sur la
timidité, du goût de l'aventure sur l'amour du confort.

On ne devient pas vieux pour avoir vécu un certain nombre d'années ; on devient vieux parce qu'on a déserté son idéal. Les années rident la peau ; renoncer à son idéal ride l'âme. Les préoccupations, les doutes, les craintes et les désespoirs sont les ennemis qui, lentement, nous font pencher vers la terre et devenir poussière longtemps avant la mort.

Jeune est celui qui s'étonne et s'émerveille. Il demande, comme l'enfant insatiable : « Et après ? » Il défie les événements et trouve de la joie au jeu de la vie.

Vous êtes aussi jeune que votre foi. Aussi vieux que votre doute. Aussi jeune que votre confiance en vous-même. Aussi vieux que votre abattement. Vous resterez jeune tant que vous resterez réceptif. Réceptif à ce qui est bon et grand. Réceptif aux messages de la nature, de l'homme et de l'infini.

Si, un jour, votre cœur devait être mordu par le pessimisme et rongé par le cynisme, puisse Dieu avoir pitié de votre âme de vieillard.

— *Samuel Ullman*

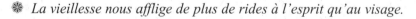

❁ *La vieillesse nous afflige de plus de rides à l'esprit qu'au visage.*

❁ *Chaque matin, en ouvrant les yeux, on assiste à un miracle. Malheureusement, seuls ceux qui ont des cheveux blancs le réalisent.*

❁ *La mort n'est pas la perte la plus tragique dans la vie. La perte la plus tragique, c'est ce qui meurt en nous alors que nous sommes encore vivants.*

Le bâtisseur de ponts

Deux frères vivaient du travail de leurs champs. Ils avaient tout en commun. Un jour, il y eut un malheureux malentendu entre eux. Peu à peu, le fossé se creusa... Une vive dispute éclata, suivie d'un silence douloureux qui dura plusieurs semaines.

Un matin, quelqu'un frappa à la porte du frère aîné. C'était un homme à tout faire qui cherchait du travail. «Quelques réparations à faire? demande l'ouvrier.

— Oui, lui répondit-il, j'ai du travail pour toi. Tu vois, de l'autre côté du ruisseau, vit mon frère cadet. Il y a quelques semaines, il m'a offensé gravement et nos rapports se sont rompus. Je vais lui montrer que je peux aussi me venger...

Tu vois ces pierres à côté de ma maison? Je voudrais que tu t'en serves pour construire un mur de deux mètres de haut. Je ne veux plus le voir.

L'homme répondit : «Je crois que je comprends la situation.»

L'homme aida son visiteur à réunir tout le matériel de travail puis il partit en voyage le laissant seul pendant toute une semaine.

Lorsqu'il revint de la ville, l'homme à tout faire avait déjà terminé son travail. Mais quelle surprise! Au lieu d'un mur de deux mètres de haut, il y avait un pont...

Précisément à ce moment-là, le frère cadet sortit de sa maison et courut vers son aîné en s'exclamant : «Construire un pont alors que nous étions si fâchés! Tu es vraiment formidable!»

Pendant que les deux frères fêtaient leur réconciliation, l'homme à tout faire ramassa ses outils pour partir.

«Non, attends! lui dirent-ils. Il y a ici du travail pour toi.»

Mais il répondit : «Je voudrais bien rester, mais j'ai encore d'autres ponts à construire...»

Cette année à Noël...

À Noël dernier, nous pensions à tout ce que nous n'avions pas. *Cette année à Noël, nous pensons à toutes les choses que nous avons.*

À Noël dernier, nous pensions que tous les anges étaient dans le ciel. *Cette année à Noël, nous savons qu'il y en a aussi sur la terre.*

À Noël dernier, nous pensions combien nous serions heureux avec plus d'argent. *Cette année à Noël, nous réalisons combien il fait bon d'avoir plus d'amis.*

À Noël dernier, nous laissions nos fils jouer avec des fusils jouets. *Cette année à Noël, nous leur enseignons que les fusils ne sont pas des jouets.*

À Noël dernier, nous comptions notre avoir. *Cette année à Noël, nous comptons nos bénédictions.*

À Noël dernier, nous donnions des remerciements pour les cadeaux des magasins. *Cette année à Noël, nous remercions pour les cadeaux venant du Ciel.*

À Noël dernier, nous étions si choqués par nos factures élevées de chauffage. *Cette année à Noël, nous réalisons quelle chance nous avons d'être bien au chaud.*

À Noël dernier, nous nous demandions comment donner à nos enfants toutes les choses que l'argent peut acheter. *Cette année à Noël, nous nous demandons comment leur donner toutes les choses que l'argent ne peut acheter...*

À Noël dernier, nous pensions à la folie qui précède la fête de Noël. *Cette année à Noël, nous pensons à la signification réelle de la fête de Noël.*

Puisse ce Noël être vraiment différent !
Santé, amour, paix, fraternité !

Noël n'est pas un jour ni une saison, c'est un état d'esprit.

L'âne dans le puits

Un jour, un âne tomba malencontreusement dans un puits. Le fermier, complètement désemparé, demanda l'aide de ses voisins pour sortir l'animal du trou. Après des heures de travail acharné, ils durent se rendre à l'évidence : jamais ils n'arriveraient à sortir l'animal de là.

N'ayant pas de fusil, le pauvre fermier dut se résigner à enterrer sa bête. Tous saisirent donc une pelle et commencèrent à jeter de la terre dans le puits. L'âne, réalisant ce qui se produisait, se mit à braire terriblement fort. Puis, à la grande surprise de chacun, il se tut...

Au bout d'un certain temps, le fermier regarda tristement dans le fond du puits et quelle ne fut pas sa consternation de découvrir ce qu'il vit. Chaque fois qu'une pelletée de terre était jetée sur l'animal, celui-ci se secouait pour enlever la terre de son dos et la retrouvait sous ses sabots. Au bout d'un certain temps, la terre s'accumulant et se compactant, il put monter dessus, si bien que tout doucement, il finit par sortir du puits...

* *Quelle est la différence entre un obstacle et une occasion ? Votre attitude !*

* *Ce n'est pas ce qui vous arrive qui importe, mais plutôt l'interprétation que vous en faites.*

* *Vos plus grandes occasions de croissance dans la vie sont brillamment déguisées en problèmes insurmontables.*

* *Les problèmes sont comme des couteaux, ou bien ils nous aident, ou bien ils nous coupent. Ça dépend si on les prend par le manche ou par la lame.*

* *Il arrive la même chose aux gagnants qu'aux perdants. C'est tout simplement leur façon de réagir qui est différente.*

Le sens de la paix !

 Un jour, un roi organisa un concours entre tous les artistes de son royaume. Il leur demanda d'illustrer la paix, à leur façon. Bien entendu, plusieurs essayèrent d'exploiter leur médium avec brio, mais le roi n'apprécia que deux toiles à leur juste valeur.

La première représentait un lac calme, miroir parfait pour les montagnes majestueuses disséminées autour. Au-dessus il y avait un ciel bleu avec quelques nuages blancs. Tous ceux qui voyaient cette peinture disaient que c'était l'image la plus représentative de la paix.

L'autre peinture comportait aussi des montagnes, mais elles étaient abruptes et rocheuses. Au-dessus, en relief, un ciel orageux avec de la pluie et des éclairs avait été peint. Près de la montagne, on retrouvait une grosse chute d'eau. Apparemment, cela ne ressemblait en rien à la paix.

Le roi regarda attentivement cette toile et il découvrit derrière la chute un petit buisson qui avait poussé sur le rocher. Dans le buisson, une maman oiseau y avait bâti son nid et elle était nichée là, couvant ses œufs au milieu de tout ce tourbillon, dans une paix totale.

Le roi choisit cette toile et expliqua : « La paix ne signifie pas d'être à un endroit où il n'y a ni bruit ni trouble. Non ! Être en paix veut dire d'être capable de se retrouver au milieu de toutes ces choses perturbantes et de ressentir tout de même du calme dans son cœur. »

Notre vraie nature

 Un jour, le pape Jules II regardait Michel-Ange, un des plus grands sculpteurs de tous les temps, s'acharner à frapper un bloc de marbre de toutes ses forces. Il lui demanda : « Mais pourquoi frappes-tu si fort ? »

Michel-Ange lui répondit : « Ne voyez-vous pas qu'il y a un ange prisonnier dans ce bloc de marbre ? Je travaille tout simplement à le libérer. »

Époussetez si vous le devez...

Époussetez si vous le devez, mais ne vaudrait-il pas mieux peindre un portrait ou écrire une lettre ; préparer un gâteau ou planter une semence ; méditer sur la différence entre la volonté et la nécessité ?

Époussetez si vous le devez, mais en avez-vous le temps, avec tous ces appels provenant de ces rivières qui vous invitent à nager, de ces montagnes à grimper, de cette musique à écouter, de ces livres à lire, de ces amis à chérir et de la vie à vivre ?

Époussetez si vous le devez, mais le monde vous attend dehors vous offrant à profusion le soleil qui brillera dans vos yeux, le vent qui caressera vos cheveux, un flocon de neige se déposant sur votre joue, une douce ondée pour vous rafraîchir. Ce jour à jamais passera et ne reviendra plus.

Époussetez si vous le devez, mais gardez à l'esprit que la vieillesse arrivera à son heure et que vous ne lui échapperez pas. Faites en sorte de ne pas avoir à dire : «J'aurais dû moins épousseter...»

Jetez vos soucis à la mer

Chaque soir venu, un homme, profondément triste, montait sur la falaise pour contempler le coucher de soleil. Là, il s'asseyait sur un banc et se livrait à de profondes méditations. À la fin, il se levait, choisissait un caillou et, du haut du rocher, il le jetait avec satisfaction dans l'eau.

Un soir, une petite fille alla le rejoindre et lui dit : «Monsieur, pourquoi lancez-vous ces cailloux ?

— Ce ne sont pas des cailloux que je jette à la mer, mon enfant, ce sont mes lamentations. »

Vous aussi, apprenez à jeter vos petits soucis à la mer...

Les Sept Merveilles du monde

Un groupe de jeunes gens étudiaient en géographie les Sept Merveilles du monde. À la fin de la session, le professeur leur demanda de faire une liste de ce qu'ils croyaient être les Sept Merveilles du monde. À part quelques exceptions, les étudiants ont pour la plupart écrit sur leurs feuilles de réponses :

1. Les pyramides d'Égypte ;
2. La Grande Muraille de Chine ;
3. Le Taj Mahal en Inde ;
4. Les statues de l'île de Pâques à l'ouest du Chili ;
5. La tour Eiffel à Paris ;
6. Le Colisée de Rome ;
7. La Statue de la Liberté à New York.

Tout en recueillant les réponses, le professeur aperçut une jeune fille bien tranquille qui n'avait pas encore répondu. Il lui demanda alors gentiment si elle éprouvait quelque difficulté avec cette liste à rédiger. La jeune fille lui répondit : « Oui, en effet, je ne peux vraiment pas me décider, il y en a tellement. »

Le professeur répliqua : « Dis-moi ce que tu as trouvé et je pourrai t'aider. » La jeune fille hésita, puis commença à écrire :

1. Voir ;
2. Entendre ;
3. Toucher ;
4. Sentir ;
5. Courir ;
6. Rire ;
7. Aimer.

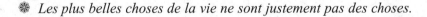

❋ *Les plus belles choses de la vie ne sont justement pas des choses.*

❋ *La richesse de l'homme est dans son cœur. C'est dans son cœur qu'il est le roi du monde. Vivre n'exige pas la possession de tant de choses.*

Un credo pour la vie

Ne vous sous-estimez pas en vous comparant aux autres. C'est précisément parce que nous sommes tous différents que nous sommes uniques.

Ne fixez pas vos buts en fonction des autres. Vous seul savez ce qui est bon pour vous.

Soyez toujours à l'écoute de vos plus profonds désirs. Tenez à eux comme à la vie, car sans eux, la vie n'est rien.

Ne laissez pas la vie filer entre vos doigts en songeant au passé ou en rêvant à l'avenir. Vivez votre vie jour après jour, et vous vivrez ainsi intensément chaque jour de votre vie.

Ne baissez pas les bras tant que vous avez encore quelque chose à donner. Rien n'est jamais perdu tant que vous continuez de lutter.

N'ayez pas peur d'admettre que vous n'êtes pas parfait. C'est ce lien fragile qui nous relie les uns aux autres.

N'ayez pas peur de prendre des risques. C'est en prenant des risques que le courage s'apprend.

N'écartez pas l'amour de votre vie en prétendant qu'il n'existe pas. Le meilleur moyen de trouver l'amour est de le partager; le meilleur moyen de le perdre est de le retenir prisonnier; et le meilleur moyen de le garder est de lui donner des ailes.

N'étouffez pas vos rêves. Ne pas avoir de rêves, c'est être sans espoir. Être sans espoir, c'est errer sans but.

Ne cherchez pas à vous fuir tout au long de votre vie, car vous oublierez d'où vous venez et où vous allez. La vie n'est pas une course, mais un voyage dont il faut savoir goûter chaque étape.

La voie la plus sûre pour découvrir la vérité est de ne plus résister
à ce qui se présente. Acceptez la vie comme elle vient...

Je ne veux pas savoir...

Je ne veux pas savoir ce que vous faites pour gagner votre vie. Je veux savoir ce qui vous passionne et si vous avez le courage de réaliser vos rêves.

Je ne veux pas savoir quel âge vous avez. Je veux savoir si vous pouvez tout risquer pour l'amour, pour vos rêves, pour l'aventure de la vie.

Je ne veux pas savoir sous quel signe vous êtes né. Je veux savoir si les épreuves de la vie ont ouvert votre cœur ou si, au contraire, elles l'ont fermé à jamais.

Je ne veux pas savoir si vous dites la vérité ou non. Je veux savoir si vous pouvez supporter le poids d'une accusation et ne pas trahir votre âme, si vous êtes fidèle et si je peux ainsi mettre ma confiance en vous.

Je ne veux pas savoir où vous habitez, ni combien d'argent vous gagnez. Je veux savoir si vous pouvez vous relever après avoir connu le désespoir, même en étant courbaturé et meurtri jusqu'aux os, et si vous pouvez ensuite aider vos enfants.

Je ne veux pas savoir qui vous êtes, ni d'où vous venez. Je veux savoir si vous pouvez vous tenir au milieu du feu avec moi, sans reculer.

Je ne veux pas connaître l'objet de vos études. Je veux savoir ce qui vous a permis de continuer quand tout allait mal. Je veux savoir si vous pouvez être seul avec vous-même et si vous appréciez votre compagnie dans les moments de solitude.

✺ *Nous agissons comme si le confort et le luxe étaient essentiels à notre existence, alors qu'il suffit, pour être réellement heureux, de trouver quelque chose qui nous intéresse passionnément.*

✺ *La qualité n'est jamais le fruit du hasard. Elle est toujours le résultat d'une intention particulière, d'un effort sincère, d'une adroite réalisation et d'une administration intelligente. Elle représente judicieusement la sagesse d'un choix parmi plusieurs possibilités.*

Deux anges

Deux anges en voyage s'arrêtent pour passer la nuit dans la demeure d'une riche famille. La famille les accueille rudement et leur refuse de passer la nuit dans la chambre d'invités. On les envoie dans un réduit froid du sous-sol.

Alors qu'ils faisaient leur lit, le doyen des anges aperçut un trou dans les fondations de la maison et le répara. L'ange le plus jeune lui demanda alors pourquoi il avait fait cela. Il lui répondit : « Les apparences sont souvent trompeuses. »

La nuit suivante, les deux anges s'arrêtèrent dans une maison très pauvre, mais très hospitalière. Les époux étaient chaleureux. Après avoir partagé leur maigre repas avec les deux anges, ils leur offrirent leur propre lit pour qu'ils se reposent bien.

Quand le soleil se leva le lendemain matin, les anges ont trouvé le couple en larmes. Leur seule vache, dont le lait était leur unique source de revenus, était morte durant la nuit.

L'ange le plus jeune devint furieux et demanda à son aîné pourquoi il avait permis qu'une telle chose arrive. « Les riches d'hier avaient tout et vous les avez aidés. Ces pauvres gens ont tout partagé avec nous et vous avez laissé mourir leur vache !

— Les apparences sont souvent trompeuses, ajouta l'ange le plus âgé.

« Quand nous avons dormi dans le sous-sol glacial, j'ai remarqué qu'il y avait de l'or caché dans le trou des fondations. Comme le propriétaire était obsédé par l'argent, qu'il était avaricieux et égoïste, je l'ai scellé pour qu'il ne puisse plus savoir où était l'or.

« La nuit dernière, durant notre sommeil chez le fermier pauvre, l'Ange de la Mort est passé pour chercher son épouse. Je lui ai plutôt donné la vache à la place. Tu vois, les apparences sont souvent trompeuses. »

La carotte, l'œuf et le café

 Une jeune femme en visite chez sa mère lui dit que sa vie est tellement difficile qu'elle ne sait pas si elle peut continuer. Elle veut abandonner, elle est fatiguée de se battre tout le temps. Il semble qu'aussitôt qu'un problème est réglé, un autre apparaît.

Sa mère l'amène alors dans la cuisine. Elle remplit trois chaudrons d'eau et place chacun sur la cuisinière à feu élevé. Bientôt, l'eau commence à bouillir.

Dans le premier chaudron, elle place des carottes, dans le deuxième, elle met des œufs et dans le troisième, elle met des grains de café moulus. Elle les laisse bouillir sur le feu sans dire un mot.

Après 20 minutes, elle retourne à la cuisinière. Elle sort les carottes et les place dans un bol. Elle fait la même chose avec les œufs. Puis, elle verse le café dans une carafe.

Se tournant vers sa fille, elle dit : «Dis-moi, que vois-tu ?

— Des carottes, des œufs et du café», répond sa fille.

La femme l'amène plus près et lui demande de toucher les carottes. La fille s'exécute et remarque qu'elles sont toutes molles et sans consistance.

La mère lui demande alors de prendre un œuf et de le briser. La fille observe qu'il est cuit dur. Finalement, la mère lui demande de goûter au café.

La fille sourit alors qu'elle sirote son arôme riche et demande alors : «Qu'est-ce que ça veut dire, maman ?»

Sa mère lui explique que chaque aliment a été plongé dans la même eau bouillante, mais que chacun a réagi différemment.

Quant aux grains de café, eux, ils ont réagi de façon unique. Après avoir été immergés dans l'eau bouillante, ils ont changé l'eau.

«Lequel es-tu ? demanda la mère à sa fille. Lorsque l'adversité frappe à ta porte, comment réponds-tu ? Es-tu une carotte, un œuf ou un grain de café moulu ? Penses-y…

— Es-tu la carotte qui semble forte, mais qui dans la douleur et l'adversité devient molle et perd sa force ?

— Es-tu un œuf dont le cœur est malléable au début, mais qui devient dur et inflexible avec les problèmes ? Ta coquille reste-t-elle intacte à l'extérieur mais es-tu encore plus dure à l'intérieur ?

— Ou es-tu comme un grain de café moulu ? Le grain change l'eau, il change la source de sa douleur. Lorsque l'eau devient chaude, il relâche sa fragrance et sa saveur. Si tu es comme un grain de café moulu, tu deviens meilleure et tu sais changer la situation autour de toi lorsque le pire survient.

Comment réagissez-vous face à l'adversité ? Comme une carotte, un œuf ou un grain de café moulu ?

Le pessimiste est celui qui perçoit des difficultés dans toute occasion qui s'offre à lui, alors que l'optimiste voit des occasions dans chaque difficulté qu'il éprouve.

Ce jour est un jour neuf !

Ce jour est un jour tout neuf. Il n'a jamais existé et il n'existera jamais plus. Prenez donc ce jour et faites-en une échelle pour accéder à de plus hauts sommets.

Ne permettez pas que la tombée du jour vous trouve semblable à ce que vous étiez à l'aube.

Faites de ce jour un jour unique, mémorable. Enrichissez-le et, ce faisant, enrichissez-vous. Ce jour est un don de Dieu. Il n'est donc pas quelque chose d'ordinaire, de fortuit, quelque chose qui va de soi. Il vous est spécialement offert. Prenez-le entre vos mains avec un sentiment de ferveur.

— *Swami Chidananda*

Heureux ceux qui...

 Heureux ceux qui respectent mes mains décharnées et mes pieds déformés.

Heureux ceux qui conversent avec moi, même si j'ai désormais quelque peine à bien entendre leurs paroles.

Heureux ceux qui comprennent que mes yeux commencent à s'embrumer, et mes idées à s'embrouiller.

Heureux ceux qui gardent le sourire quand ils prennent le temps de bavarder avec moi.

Heureux ceux qui ne me font jamais la remarque suivante : «C'est la troisième fois que vous me racontez cette histoire!»

Heureux ceux qui m'assurent qu'ils m'aiment et que je suis encore bon à quelque chose.

Heureux ceux qui m'aident à vivre l'automne de ma vie...

— *Saint Vincent de Paul*

~~~~~~~~~~~~~~~~~~~~~~~~~~~~~~~~~~~~~~~

❀ *Vieillissez, mais ne devenez jamais vieux.*

❀ *Vieillir, c'est être jeune depuis plus longtemps que les autres.*

❀ *Voir le bon côté des choses, c'est de prendre conscience que si vieux qu'on soit, on est quand même plus jeune qu'on ne le sera jamais.*

❀ *C'est le sentiment d'inutilité et non le nombre d'années qui conduit à la vieillesse.*

❀ *Agissez toujours comme s'il ne vous restait qu'une journée à vivre. Pourquoi? Parce qu'un jour, vous aurez raison!*

❀ *Lorsque vous êtes jeune, vous vous inquiétez à propos de ce que les autres pensent de vous. Lorsque vous êtes plus vieux, vous réalisez que personne ne pensait vraiment à vous!*

La soupe aux cailloux

Pendant une grande famine du Moyen Âge, un homme arriva dans un petit village. On lui dit : « Passez votre chemin, monsieur, il n'y a rien à manger ici. ».

Les habitants cachaient leurs réserves de nourriture et ne voulaient pas les partager.

« Oh ! Mais je ne demande rien à manger, j'invite tous ceux qui le veulent à manger de la bonne soupe ce soir. »

Et, joignant le geste à la parole, il découvrit un grand chaudron. Il demanda un coup de main pour le sortir de son chariot. Il était incroyablement lourd.

« Il y a tout ce qu'il faut là-dedans, dit-il, j'ai juste besoin d'eau. »

On lui apporta de l'eau et il l'installa au-dessus d'un grand feu. La nouvelle fit bientôt le tour du village. Tout le monde regardait à travers sa fenêtre.

L'homme demanda : « Savez-vous qui pourrait nous donner un peu de choux ? C'est tellement meilleur avec du chou ! »

Un jardinier s'avança. Il avait caché un chou. Il le donna volontiers pour avoir autant de soupe qu'il en voulait.

« Maintenant, si nous avions un morceau de bœuf salé, cela ferait une soupe de roi ! »

Le boucher s'exécuta, trouvant un morceau de bœuf salé qu'il avait dans sa réserve.

Oignons, patates, navets, céleris, ... Chacun y mettait du sien pour « améliorer » la soupe. Quand vint l'heure de la déguster, elle était délicieuse et tout le monde en eut le ventre plein. Alors, l'homme se rendit au village suivant avec son chaudron... et ses cailloux.

Plus on partage, plus on possède. Voilà le miracle.

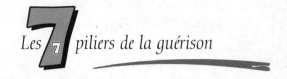

Les **7** piliers de la guérison

1. Décider de guérir

Pour guérir, il ne suffit pas de le désirer, il faut le décider ! Si nous désirons simplement guérir, alors nous vivons dans l'espoir et l'attente. Nous ne sommes pas maître des évènements, nous les subissons. Nous sommes dans l'expectative. Pour guérir, nous devons transformer notre désir en décision. Cette décision est le début de notre guérison.

2. Devenir l'acteur principal de notre guérison

Nous sommes l'acteur principal de notre maladie, nous devenons l'acteur principal de notre guérison ! Par nos comportements et nos pensées erronés, nous créons nos maladies et nous préparons le terrain favorable à l'apparition de toutes sortes de dysfonctionnements. Nous faisons ensuite appel à des spécialistes – thérapeutes, médecins, guérisseurs – pour nous guérir. Nous sommes donc initialement l'acteur principal de nos maladies, mais nous demeurons spectateur de notre processus de guérison. Pour guérir, nous devons d'abord changer de rôle, et devenir l'acteur principal de notre guérison. Les thérapies, techniques ou traitements deviennent à ce moment des aides précieuses que nous pourrons utiliser pour notre guérison.

3. Adopter de nouvelles attitudes

Nos anciennes attitudes nous ont rendu malade, les nouvelles nous permettent de guérir ! La guérison est un processus de transformation. Celui qui est guéri n'est plus le même que celui qui était malade. La guérison nécessite au minimum de profonds changements et, le plus souvent, une véritable transformation. Elle s'accomplit en adoptant les nouvelles attitudes nécessaires à notre guérison. Notre résistance au changement est un obstacle majeur à notre guérison.

4. Cultiver des pensées positives

C'est en devenant un optimiste incurable qu'on se guérit ! On ne guérit pas dans la tristesse et le pessimisme, mais dans la joie et l'optimisme. Nous devons choisir d'être heureux, et cultiver des pensées positives qui suscitent des émotions dynamisantes. Ainsi nous créons l'environnement propice à notre guérison. Bannissez les pensées négatives, et devenez un optimiste incurable !

5. Agir avec confiance et détermination

Quand notre détermination est totale, notre guérison est inévitable ! L'efficacité de notre pouvoir de guérison dépend de la confiance que nous lui prêtons et de notre détermination à toute épreuve. Quand celles-ci sont totales, notre pouvoir de guérison est sans limites.

6. Utiliser son pouvoir de guérison

Nous avons le pouvoir de nous rendre malade, mais aussi de nous guérir ! Chacun a déjà fait l'expérience de son pouvoir créateur en se rendant malade par des pensées et des attitudes négatives. C'est ce même pouvoir créateur que nous pouvons utiliser consciemment pour nous guérir.

7. Persévérer jusqu'à la réussite

Notre persévérance est le gage de notre réussite ! La guérison commence dès qu'on le décide réellement. Mais de même que les maladies se déclarent après une période d'incubation, la guérison devient totalement manifeste après un temps de gestation. Les effets de la guérison peuvent être immédiats dans certains cas, ou se manifester par étapes pour d'autres aspects, selon les attitudes de chacun et les causes de la maladie. Notre persévérance nous garantit une guérison totale et durable.

❀ *Tout est possible pour celui qui place sa confiance dans l'aide illuminée de la sagesse universelle.*

❀ *Ce n'est pas la voile majestueuse qui fait avancer le bateau, mais le vent invisible.*

❀ *Ne dites jamais : « C'est impossible ». Dites plutôt : « Ça va prendre plus de temps que prévu ! »*

L'arbre à soucis

Un jour, j'ai retenu les services d'un menuisier pour m'aider à restaurer ma vieille grange.

La journée avait été particulièrement pénible pour lui : une crevaison lui avait fait perdre une heure de travail, sa scie électrique avait rendu l'âme et pour finir, au moment de rentrer chez lui, son vieux camion refusa de démarrer. Je le reconduisis donc chez lui.

Tout au long du trajet, il demeura froid et silencieux. Arrivé chez lui, il m'invita à rentrer. Comme nous marchions le long de l'allée qui conduisait à la maison, il s'arrêta brièvement à un petit arbre, touchant le bout des branches de celui-ci de ses mains.

Lorsqu'il ouvrit la porte pour entrer chez lui, une étonnante transformation se produisit : son visage devint rayonnant, il caressa ses deux enfants et embrassa sa femme. Lorsqu'il me raccompagna à ma voiture, en passant près de l'arbre, la curiosité s'empara de moi et je lui demandai pourquoi il avait touché le bout des branches de cet arbre un peu plus tôt.

« C'est mon arbre à soucis, me répondit-il. Je sais que je ne peux éviter les problèmes, les soucis et les embûches qui traversent mes journées, mais il y a une chose dont je suis certain, ceux-ci n'ont aucune place dans notre maison avec ma femme et mes enfants. Alors, je les accroche tous les soirs à mon arbre à soucis avant de passer le seuil de ma porte. Et puis le matin venu, je les reprends.

« Ce qu'il y a de plus drôle, dit-il en souriant, c'est qu'au moment où je sors de la maison le matin pour les récupérer, il y en a beaucoup moins que la veille quand je les y ai suspendus. »

Vous ne pouvez empêcher les soucis et les inquiétudes de toutes sortes
de planer comme des vautours au-dessus de votre tête comme
des oiseaux de malheur, mais vous pouvez toutefois les
empêcher de se faire un nid dans vos cheveux.

Un cœur à la fois

La paix ne commence pas en un lieu éloigné ni quand les autres jettent leurs armes par terre, et pas plus quand tous les autres changent. La paix commence d'abord ici, en chacun de nous. La paix se réalise et se love dans un cœur à la fois.

Commencez par vous-même. Poursuivez en la partageant avec vos enfants et votre partenaire puis avec toutes les autres personnes qui, comme par hasard, se présentent, déléguées apaisantes qui croisent votre chemin de vie.

Le monde change avec moi lorsque je change ma conception du monde. Ce que je peux modifier vraiment, c'est ma façon de comprendre le monde. Ce que je peux changer, c'est la façon dont j'interprète les autres et la propre interprétation que j'ai de moi-même.

Occupez-vous d'un cœur à la fois. Dans cette optique, si le monde change du moment que je change, je me laisse moduler dans son élan et j'estime qu'il y a vraiment de l'espoir.

— Kay Pollak, *Aucune rencontre n'arrive par hasard*

Tant que tu...

Bien pauvre tu resteras, tant que tu n'auras pas découvert que ce n'est pas parce que tu as les yeux ouverts que tu vois davantage.

Bien naïf tu resteras, tant que tu n'auras pas appris que les lèvres closes, il est des silences plus riches qu'un déluge de mots.

Bien maladroit tu resteras, tant que tu n'auras pas compris que, les mains jointes, tu accomplis plus qu'en agitant frénétiquement les mains.

« Si vous ne trouvez pas une prière qui vous convienne, inventez-la. »

Saint Augustin

Le test des trois passoires

Dans la Grèce antique, Socrate jouissait d'une haute réputation de sagesse. Un jour, quelqu'un vint le trouver et lui dit : « Sais-tu ce que je viens d'apprendre sur ton ami ?

— Un instant, répondit Socrate. Tout d'abord, j'aimerais te faire subir l'épreuve des trois passoires. Pour ce faire, avant de raconter toutes sortes de choses sur les autres, il est bon de prendre le temps de filtrer ce que l'on aimerait dire. La première passoire est celle de la vérité. As-tu vérifié si ce que tu veux me dire est vrai ?

— Non. J'en ai seulement entendu parler.

— Très bien. Tu ne sais donc pas si c'est la vérité. Essayons maintenant une deuxième passoire, celle de la bonté. Ce que tu veux m'apprendre sur mon ami, est-ce quelque chose de bien ?

— Ah non ! C'est tout le contraire.

— Donc, continua Socrate, tu veux propager un tissu d'insanités sur son compte et par surcroît tu n'es même pas certain que ces calomnies sont vraies. Tu peux peut-être poursuivre le test, car il reste la passoire de l'utilité. Dis-moi, est-il utile que tu m'apprennes ce que mon ami a fait ?

— Non. Pas vraiment.

— Alors, conclut Socrate, si ce que tu as à me raconter n'est ni vrai, ni bien, ni utile, pourquoi vouloir me le dire ? »

Celui qui écoute les médisances est aussi coupable
que celui qui les rapporte.

Les bavards sont ceux qui vous parlent des autres.
Les ennuyeux sont ceux qui vous parlent d'eux-mêmes.
Les brillants causeurs sont ceux qui vous parlent de vous.

Le cadeau parfait

J'ai parcouru plusieurs kilomètres afin de trouver le cadeau parfait pour mon enfant. Exténuée après deux longues soirées, j'ai pensé qu'il serait sans doute préférable que je lui demande ce qu'il souhaiterait recevoir. Voici ce qu'il m'a suggéré :

« J'aimerais être Félix, notre petit chat, pour être moi aussi pris dans vos bras chaque fois que vous revenez à la maison...

« J'aimerais être un baladeur, pour me sentir écouté par vous deux sans aucune distraction, n'ayant que mes paroles à entendre dans vos oreilles, fredonnant l'écho de ma solitude...

« J'aimerais être un journal pour que vous preniez un peu de temps chaque jour pour me demander de mes nouvelles...

« J'aimerais être un téléviseur pour ne jamais m'endormir le soir, sans avoir été regardé au moins une fois avec intérêt...

« J'aimerais être une équipe de hockey pour toi, papa, afin de te voir t'exciter de joie après chacune de mes victoires ; et un roman pour toi, maman, afin que tu puisses lire mes émotions...

« À bien y penser, le cadeau idéal pour moi, c'est que je n'aimerais qu'une chose : être un cadeau inestimable pour vous deux. »

❈ *Si vous voulez que vos enfants tournent bien, consacrez-leur deux fois plus de temps et deux fois moins d'argent.*

❈ *« Laissez les enfants être heureux à leur façon, comment pourraient-ils l'être autrement ? » — D*r* Johnson*

❈ *La chose la plus importante que des parents peuvent enseigner à leurs enfants, c'est de leur apprendre à savoir se passer d'eux un jour.*

❈ *Il y a plus d'éducation dans un gramme d'exemples que dans une tonne de préceptes.*

Il faut vouloir survivre...

La mort des êtres chers, c'est un cyclone qui vous aspire, dans lequel vous pouvez vous laisser entraîner et vous y noyer. Il faut s'éloigner du cyclone. Il faut vouloir survivre.

Et c'est en soi, seulement en soi et par soi, qu'on peut décider de vaincre le désespoir de la mort. Par l'action et la pensée, il faut construire, des barrages contre ce désespoir, puis se tourner vers les autres, vers la vie...

Être fidèle à ceux qui sont morts, ce n'est pas s'enfermer dans sa douleur. Il faut continuer de semer ses rêves, de creuser son sillon droit et profond, comme ils l'auraient fait eux-mêmes. Ou comme nous l'aurions fait avec eux et pour eux.

Être fidèle à ceux qui sont morts, c'est vivre comme ils auraient vécu. Et les faire vivre en nous.»

— Martin Gray, *Le Livre de la vie*, pp. 198 et 201

Pensées de réconfort pour le deuil

❋ *Vous vous en sortirez. La souffrance est un périple qui a une fin.*

❋ *Une personne chère ne nous quitte jamais. Elle vit au plus profond de notre cœur et pour la revoir, il suffit de fermer les yeux !*

❋ *Tout ce que nous n'avons pas pu exprimer avant la mort d'un être cher peut toujours l'être après : que ce soit notre amour, notre gratitude, de même que nos regrets et nos chagrins.*

❋ *«On n'oublie jamais la personne décédée. Toutefois, il arrive un moment où on peut penser à cette personne et l'aimer sans souffrir.»*

— Josée Jacques, *Les Saisons du deuil,* p. 44

La grenouille et l'éléphant

Un jeune éléphant pataugeait au bord d'un ruisseau tant et si bien qu'il perdit la petite chaîne que son dresseur lui avait placée à la patte.

« Quoi ! Qu'est-ce qui m'arrive... AAarrrrggh, j'ai perdu ma chaîne ! » s'écria l'éléphant au comble de la panique. En effet, celle-ci s'était détachée et était tombée au fond du ruisseau.

Il chercha donc désespérément à retrouver cette précieuse chaînette, mais en vain car il ne vit rien qui y correspondait. Très inquiet, il agita sa trompe dans tous les sens, essayant tant bien que mal de la rattraper. Il remua tellement l'eau que celle-ci devint tout à fait trouble. Et plus il secouait sa trompe et plus le sable remontait à la surface, compromettant encore plus ses chances de retrouver ce précieux objet.

Soudain, l'éléphant entendit quelqu'un rire à gorge déployée. Furieux, il releva la tête et vit, sur un rocher au bord de l'eau, une petite grenouille qui s'esclaffait, le sourire fendu jusqu'aux oreilles. Elle riait, elle riait..., la bouche grande ouverte.

« Coah ! Coah ! Coah ! Coah !...

— Pourquoi trouves-tu ça drôle ? J'ai perdu ma chaîne et ça te fait rire ?

— Ce qui est drôle, c'est de voir à quel point tu t'agites. Calme-toi, mon vieux, et tout ira mieux ! »

Quelque peu honteux, l'éléphant suivit le conseil de la grenouille. Il se calma et cessa d'agiter sa trompe. L'eau redevint calme, puis peu à peu le sable retomba. Alors, tout au fond du ruisseau, l'éléphant entrevit sa chaînette intacte. Il la saisit donc avec sa trompe et la remit autour de sa patte, sans oublier d'en remercier la petite grenouille...

« Si la tranquillité de l'eau permet de refléter les choses,
qu'en est-il de la tranquillité de l'esprit ? »

Tchouang-Tseu

L'illumination

Notre peur la plus profonde n'est pas de ne pas être à la hauteur. Notre peur la plus profonde est d'être puissants au-delà de toutes limites. C'est notre propre lumière et non pas notre obscurité qui nous effraie le plus.

Nous nous posons la question : *« Qui suis-je, moi, pour être brillant, talentueux et merveilleux ? »*

En fait, qui êtes-vous pour ne pas l'être ? Vous êtes un enfant de Dieu. Vous restreindre et vivre petitement ne rend pas service au monde...

L'illumination ne consiste pas à vous diminuer pour éviter d'insécuriser les autres... Nous sommes nés pour rendre manifeste la gloire de Dieu qui est en nous. Elle ne se trouve pas seulement chez quelques élus, elle est en chacun de nous, et au fur et à mesure que nous laissons briller notre propre lumière, nous donnons inconsciemment aux autres la permission de faire de même.

En nous libérant de notre propre peur, notre présence libère automatiquement les autres...

— *Nelson Mandela*

Discours prononcé en 1994 lors de son intronisation à la présidence de la République de l'Afrique du Sud.

〜〜〜〜〜〜〜〜〜〜〜〜〜〜〜〜

Se tourner vers l'avenir

« Ce n'est pas vers le passé qu'il faut tourner sa vie, mais vers l'avenir. S'accrocher au passé, c'est être pris dans de hautes algues mortes qui paralysent et tuent le courage de vivre. Et l'on se noie. Il faut se tenir au milieu du courant. Savoir qu'aujourd'hui naît du passé et nous emporte vers demain. »

— Martin Gray, *Le Livre de la vie*, p. 251

Le petit papillon

Un matin un petit trou apparut dans un cocon. Un homme s'arrêta et passa de longues heures à observer un papillon qui s'efforçait de sortir par ce minuscule interstice. Après un long moment, le trou demeurait toujours aussi petit. C'était comme si le papillon avait fait tout ce qu'il pouvait et qu'il avait abandonné.

Alors, l'homme décida d'aider le papillon. Il prit un canif et ouvrit le cocon. Le papillon sortit aussitôt, mais son corps était maigre et engourdi. Et ses ailes, peu développées, avaient peine à bouger.

L'homme continua à observer l'insecte dans l'espoir que, d'un instant à l'autre, les ailes du papillon s'ouvriraient et seraient capables de supporter le corps du papillon pour qu'il prenne son envol. Il n'en fut rien ! Le papillon continua à se traîner par terre avec son maigre corps et ses ailes rabougries. Jamais il ne put voler.

Ce que l'homme n'avait pas compris malgré son geste bien intentionné, plein de gentillesse, c'est que le passage par le trou étroit du cocon constitue l'effort nécessaire que le papillon doit faire pour transmettre le liquide de son corps à ses ailes, de manière à pouvoir voler. C'était le moule à travers lequel la Vie le faisait passer pour grandir et se développer. Parfois, l'effort est exactement ce dont nous avons besoin dans notre vie.

Dans la vie, si nous n'affrontions pas d'obstacles, nous serions limités et nous ne pourrions pas être aussi forts que nous le sommes. Nous ne pourrions jamais voler.

J'ai demandé la force… *et j'ai eu des difficultés à surmonter.*

J'ai demandé la sagesse… *et j'ai eu des expériences à vivre.*

J'ai demandé la prospérité... *et j'ai dû réfléchir et travailler.*

J'ai demandé l'amour… *et j'ai eu des gens à aider.*

Je n'ai rien reçu de ce que j'ai demandé… *mais j'ai reçu tout ce dont j'avais besoin.*

On doit tous quelque chose à un professeur

L'école, c'est le lieu où nous acquérons de nombreuses connaissances et compétences. C'est là où nous avons appris à nous construire, à devenir des citoyens.

Et ce que nous sommes devenus aujourd'hui, nous le devons à nos professeurs. Sans eux, sans la passion qui les anime, sans cette volonté de transmettre leur savoir, nous n'aurions sans doute pas eu le même avenir.

Les professeurs sont bien souvent des découvreurs de talents. Ils savent voir la part d'excellence qui est en chacun de nous et nous orienter sur les chemins de la réussite.

Si un instituteur n'avait pas convaincu la grand-mère d'Albert Camus de l'inscrire au collège, il est peu probable que cet écrivain aurait eu les mêmes moyens de s'exprimer comme il a pu le faire.

On doit donc tous quelque chose à un professeur !

C'est pourquoi, il est important de rendre hommage à tous ces enseignants qui nous ont aidés à trouver notre voie. Il est important que notre société leur adresse un message de reconnaissance bien senti et les remercie pour le travail essentiel qu'ils accomplissent chaque jour.

— *Collectif « Vive l'école de la République »*

❋ *« L'enseignant est celui qui suscite deux idées là où auparavant il n'y en avait qu'une seule. »* — *Elbert Hubbard*

❋ *« Être enseignant, ce n'est pas un choix de carrière, c'est un choix de vie. »* — *François Mitterrand*

❋ *« Les professeurs ouvrent les portes mais vous devez entrer vous-même. »* — *Proverbe chinois*

La corde invisible

Un paysan se rendait au marché avec trois de ses ânes afin de vendre sa récolte. La ville était loin et il leur faudrait plusieurs jours pour l'atteindre.

Le premier soir, il s'arrête pour bivouaquer non loin de la maison d'un vieil ermite. Au moment d'attacher son dernier âne, il s'aperçoit qu'il lui manque une corde. *« Si je n'attache pas mon âne, se dit-il, demain, il se sera sauvé dans la montagne ! »*

Il monte sur son âne, attache solidement les deux autres et prend la direction de la maison du vieil ermite. Une fois là, il demande au vieil homme s'il a une corde à lui donner.

« Malheureusement non, lui répond-il. Par contre, voici un conseil. Retournez à votre campement et faites le geste quotidien de passer une corde autour du cou de votre âne. N'oubliez surtout pas de feindre de l'attacher à un arbre. »

N'ayant d'autre recours, le paysan se résigna alors à obéir. À son réveil, il constata que l'âne était toujours là. Après avoir chargé les trois baudets, il se met en route mais là il a beau tirer sur son âne buté, le pousser, rien n'y fait. L'âne refuse de bouger. Désespéré, il retourne voir l'ermite et lui raconte sa mésaventure.

« Avez-vous pensé à enlever la corde ? lui demanda-t-il.

— Mais il n'y a pas de corde ! répond le paysan.

— Pour vous, non, mais pour l'âne, oui... »

Sur ces conseils avisés, le paysan retourna au bivouac et mima le geste de retirer la corde autour du cou du bourricot. Et alors l'âne le suivit sans aucune résistance.

On est bien plus souvent prisonnier de ses idées que de ses moyens matériels.

Regrettez mon absence
mais laissez-moi partir...

Je suis rendu au bout du voyage
et le soleil pour moi s'est couché.
Je ne veux pas d'un rituel sombre et funèbre.
Pourquoi pleurer une âme libérée?

Regrettez mon absence un peu, mais pas trop longtemps...
Et ne laissez pas la souffrance vous accabler.
Souvenez-vous de l'amour que nous avons partagé.

Regrettez mon absence, mais laissez-moi partir...
Car c'est un voyage que tous nous devons faire
et que chacun doit accomplir en solitaire.
Il fait partie du chemin que Dieu nous a tracé
et nous conduit en sa bienheureuse maisonnée.
Quand vous souffrirez de solitude et de mélancolie,
tournez-vous vers vos proches, vos amis
et oubliez votre chagrin en faisant du bien...

Regardez la vie que je commence et non celle que je finis.

On a appris beaucoup de choses mais...

On prépare l'enfant pour la maternelle. Puis on le prépare pour l'école.
Puis on prépare sa carrière. Puis on prépare sa retraite. Puis on réalise
qu'on a oublié de vivre. Qu'on a oublié de se connaître. Qu'on ne sait
même pas qui l'on est. Qu'on ne sait même pas ce qu'on est venu faire
sur terre. Qu'on a oublié de préparer sa mort.

On a appris beaucoup de choses, mais on ne sait rien. *Et on a peur...*

Promettez-vous...

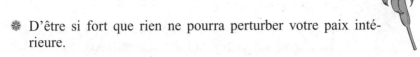

❀ D'être si fort que rien ne pourra perturber votre paix intérieure.

❀ De parler de santé, de bonheur et de prospérité à chaque personne que vous rencontrez.

❀ D'aider chacun de vos amis à découvrir ce qu'ils ont comme potentiel en eux et combien le fait de les connaître fait une différence dans votre vie.

❀ De regarder le côté ensoleillé de chaque chose et de transformer votre optimisme en action.

❀ De penser seulement ce qu'il y a de meilleur, de travailler seulement pour le meilleur, et de vous attendre au meilleur.

❀ D'être aussi enthousiasmé par le succès des autres que par le vôtre.

❀ D'oublier les erreurs passées et de penser aux réussites futures.

❀ D'être toujours chaleureux et de sourire à toutes les créatures vivantes que vous croisez.

❀ De tellement vous consacrer à votre développement personnel qu'il ne vous restera plus de temps pour critiquer les autres.

❀ D'être bien trop serein pour vous faire du souci, trop noble pour être en colère, trop fort pour avoir peur, trop généreux pour en vouloir à qui que ce soit, et finalement, trop heureux pour considérer comme des «problèmes» les obstacles que vous saurez contourner.

— *Credo du Club des Optimistes de North Bay*

Si vous voulez que votre vie soit une magnifique histoire,
réalisez que vous en êtes l'auteur et que vous avez
chaque jour l'occasion d'en écrire une nouvelle page.

La hutte en feu

Le seul survivant d'un naufrage fut emporté par les vagues sur une petite île déserte. Tous les jours, il priait pour que quelqu'un vienne le sauver et scrutait l'horizon pour entrevoir le moindre signe d'assistance, mais personne ne venait jamais.

Il décida donc de se bâtir une petite hutte avec des branches d'arbres morts et des feuilles de palmier afin de se protéger contre les intempéries et les animaux. Après une semaine de travail assidu, sa hutte fut complétée et il en était très fier.

Quelques jours plus tard, au retour de la chasse, il trouva sa petite hutte en feu. Il se sentait déjà terriblement malchanceux et seul sur cette île déserte, fallait-il que le pire lui arrive ? Il perdit tout dans cet incendie.

Après le choc initial, le chagrin et la colère l'envahirent. Il se mit à genoux sur la plage et s'écria : «Mon Dieu, comment avez-vous pu me faire ça ?» Complètement découragé et fatigué, il se mit à pleurer à chaudes larmes et s'endormit ainsi sur la plage.

Très tôt, le lendemain matin, il fut réveillé par le bruit d'un bateau qui approchait de son île. Il était sauvé ! Une fois sur le bateau, il demanda au capitaine : «Comment avez-vous su que je me trouvais ici ?

— Nous avons vu votre signal de fumée», répondit le capitaine.

Souvent, ce qui nous semble être la fin est,
en fait, un nouveau départ.

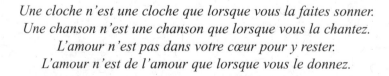

Une cloche n'est une cloche que lorsque vous la faites sonner.
Une chanson n'est une chanson que lorsque vous la chantez.
L'amour n'est pas dans votre cœur pour y rester.
L'amour n'est de l'amour que lorsque vous le donnez.

Les non-dits...

Il y a les mots que l'on ne dit pas. Parce qu'on les a tus trop longtemps. Parce qu'ils rouvriraient nos blessures. Parce qu'ils sont trop lourds de colère et réclament une justice qui ne sera pas rendue.

Il y a les mots que l'on ne dit pas. Parce qu'ils rempliraient nos yeux de larmes. Parce qu'ils nous font trop peur. Parce qu'ils nous feraient trop mal. Parce qu'il est trop tôt ou bien qu'il est trop tard.

Il y a les mots que l'on ne dit pas. Parce qu'on a appris à se taire. Parce qu'ils créeraient le désordre. Parce que de toute façon, les autres ne les comprendraient pas.

Il y a les mots que l'on ne dit pas. Parce qu'on n'y pense pas. Parce qu'on n'a rien à se dire. Parce qu'on veut les oublier. Parce qu'on ne les pense plus. Et qu'on est fatigué.

Il y a les mots que l'on ne dit pas. Parce qu'on ne sait comment les dire. Parce qu'on n'a jamais appris. Parce qu'ils sont contradictoires. Et que ce n'est pas permis.

Il y a les mots que l'on ne dit pas. Parce qu'on n'ose pas aller vers l'autre. Parce qu'on ne veut pas ôter son masque. Parce qu'on se sait tellement fragile. Et qu'on préfère se protéger.

Il y a les mots que l'on ne dit pas. Parce que ça bouleverserait l'ordre établi. Parce que ça obligerait à les entendre. Parce que ça ferait tellement de bruit. Parce que ça ouvrirait les vannes. Et qu'on a peur d'être noyé.

Il y a tous ces mots que l'on ne dit pas. Alors qu'ils déplaceraient les montagnes. Alors qu'ils ouvriraient portes et fenêtres. Alors qu'ils bâtiraient des ponts, des routes. Alors qu'ils feraient chanter la lumière et revenir la vie.

Il y a tous ces mots que l'on ne dit pas. Comment faisons-nous pour nous taire? De quoi pouvons-nous bien parler? S'il ne restait qu'une seule chose à faire, ce serait de s'écouter enfin...

Confiance jusqu'au bout ?

On raconte qu'un alpiniste, après de longues années de préparation, entreprit de réaliser son rêve d'escalader une très haute montagne. Voulant toute la gloire pour lui, il décida d'y aller seul.

Les heures passèrent très vite et la noirceur le surprit. N'ayant pas le nécessaire pour camper, il décida de poursuivre son escalade. L'obscurité intense l'empêchait de voir son chemin. Les nuages cachaient la lune et les étoiles. Il arrivait tout juste au sommet lorsque l'inévitable se produisit. Il perdit pied et sa chute le précipita dans l'abîme. Il eut à peine le temps de voir passer quelques taches obscures et se sentit avalé par le vide. Les principaux événements de sa vie défilèrent tout aussi vite sous ses yeux. Il voyait la mort arriver lorsqu'une secousse violente faillit lui ouvrir le ventre. Il venait d'arriver au bout de sa corde, dont il avait fixé une extrémité dans le rocher, et l'ancrage avait heureusement résisté.

Il reprit son souffle et se rendit compte qu'il était là, suspendu dans la noirceur et le silence absolu. Sur le point de désespérer, il cria : « Mon Dieu, viens à mon aide ! »

Subitement, une voix grave et profonde rompit le silence : « Que veux-tu que je fasse ?

— Sauve-moi, mon Dieu !

— Crois-tu vraiment que je puisse te sauver ?

— Certainement, Seigneur !

— Dans ce cas, coupe la corde qui te retient ! » Il y eut un moment d'hésitation, mais le malheureux préféra s'accrocher comme un forcené à sa corde.

L'équipe de sauvetage raconte que le lendemain, ils trouvèrent l'alpiniste mort, transi. Le froid l'avait engourdi et dans ses mains durcies, d'une rigidité cadavérique, il tenait désespérément sa corde. À seulement deux mètres du sol…

Et vous, auriez-vous coupé la corde ?

Célébrez chaque journée !

Mon ami ouvrit le tiroir de la commode de son épouse et en sortit un petit paquet enveloppé de papier de soie. « Ceci, dit-il, n'est pas un simple paquet anodin, c'est de la lingerie fine. »

Il enleva le papier et contempla avec ravissement, mais aussi avec tristesse, les dessous de soie gracieuse et la dentelle élégante dont il appréciait les moindres nuances. « J'ai acheté cela la première fois que nous sommes allés à New York, il y a huit ou neuf ans. Mais, elle ne l'a jamais porté. Elle voulait le conserver pour une occasion spéciale. Eh bien... je crois que c'est le bon moment justement. »

Il s'approcha du lit et ajouta ce paquet aux autres effets que les responsables des pompes funèbres apporteraient. Sa femme venait de mourir. En se tournant vers moi, il me dit : « Ne garde jamais rien pour une occasion spéciale, chaque jour que tu vis est une occasion spéciale. Célèbre-le ! »

Créer, c'est élargir l'horizon

Tous des créateurs ! Nous sommes tous des créateurs-nés. Et nous sommes nés pour être créateurs, pour déployer l'immense potentiel qui dort en chacun de nous, et contribuer à développer celui de notre univers en transformation et en évolution permanentes.

Lorsqu'un acte créateur est accompli, on a l'impression que l'horizon s'élargit soudain. Des limites s'estompent, sont dépassées, des barrières franchies, des peurs sont transformées en possibilités nouvelles ; un autre système de référence a jailli, accompagné d'un sentiment accru d'autonomie, de confiance et d'émerveillement.

Créer, c'est faire appel au meilleur de soi-même, avec amour et sensibilité, imagination et inspiration, avec inventivité aussi, et surtout un soupçon de fantaisie, d'originalité frôlant le rêve et la douce folie.

Votre créativité n'est pas morte ou disparue,
elle est simplement endormie.

À la recherche de l'aiguille

Un soir d'été, à la tombée de la nuit, des villageois in-
trigués virent une femme accroupie, en train de
chercher minutieusement quelque chose dans la rue en face de
sa hutte.

« Pauvre madame, quel est votre problème ? dirent-ils. Que cherchez-
vous au juste ? Pouvons-nous vous être utiles ?

— J'ai perdu mon aiguille », répondit-elle. Ils s'empressèrent donc tous
de se mettre à quatre pattes pour l'aider à la chercher.

C'est alors que quelqu'un lui demanda : « La rue est grande, la nuit commence à se faire de plus en plus obscure, et bientôt il fera noir comme de
l'encre. Vous comprenez, une aiguille est une si petite chose, pouvez-vous
nous préciser plus exactement où elle est tombée ?

— L'aiguille est tombée à l'intérieur de ma maison, dit la femme.

— Non, mais alors ! Si l'aiguille est tombée à l'intérieur de votre maison,
pourquoi la cherchez-vous ici ?

— Parce que la lumière est ici. À l'intérieur, il fait trop sombre.

— Oui, mais… Vous ne saisissez vraiment pas ! Même s'il y a plus de
lumière ici, comment peut-on y trouver votre aiguille si vous ne l'avez
pas perdue ici ? La meilleure façon est d'apporter cette lampe en dedans,
alors, on pourra trouver l'aiguille là où elle est tombée. »

La femme se mit à rire. « Vous êtes si intelligents pour les petites choses,
dit-elle. Quand donc allez-vous utiliser cette intelligence pour votre vie
intérieure ? Je vous vois tous chercher à l'extérieur et je sais parfaitement
– je le sais de ma propre expérience – que ce que vous cherchez est égaré
en dedans de vous. Pourquoi cherchez-vous la paix dans les choses
extérieures ? Est-ce là que vous l'avez perdue ? »

Aux propos de la femme, les gens qui s'étaient rassemblés en restèrent
abasourdis, ou du moins quelque peu confondus. Sur ce, la vieille dame
leur tourna le dos et disparut dans sa maison.

Le sage cherche en lui-même la cause de ses problèmes ;
l'insensé la cherche chez les autres.

Les oiseaux-larmes

Les larmes sont une sorte d'oiseaux qui habitent le cœur des êtres. Quelquefois, elles apparaissent en bandes, mais souvent une seule d'entre elles vient se poser sur le bord d'une paupière.

S'envolant de nous, de nos cils qui bordent les paupières, ces oiseaux-larmes entraînent sous leurs ailes, cette douleur de taille, comme des pierres, qui rend le cœur si lourd à porter.

Mais pour se rendre jusqu'à nos yeux, d'où ils s'échappent, ils doivent lutter contre les vents de l'indifférence et de l'orgueil ; ceux-là qui, quelquefois, attrapent les oiseaux dans un grand filet et les gardent prisonniers jusqu'à ce qu'ils restent étouffés, comme une boule nouée au creux de la gorge.

Ne capturons jamais d'oiseaux-larmes, ce sont des messagers du monde de notre cœur. Ils ont quelque chose à dire, à montrer aux autres. Les oiseaux-larmes chantent la beauté de notre être.

Lorsqu'une larme jaillit des yeux d'un être et perle tendrement pour se laisser glisser sur la joue en la caressant, cueillez-la d'un baiser. Elle donnera à vos lèvres des paroles d'amour…

> *« Les larmes qu'on ne pleure pas*
> *Dans notre âme retombent toutes,*
> *Et de leurs patientes gouttes*
> *Martèlent le cœur triste et las. »*

E. Biau et P. Miliet

❀ *Les larmes, c'est comme une rosée qui empêche le cœur de faner, une rosée qui l'aide à refleurir comme avant.*

❀ *Les larmes qui coulent sont amères mais plus amères encore sont celles qui ne coulent pas. — Proverbe breton*

Savoir demander

Un jour, un paysan s'étonnait de ne pas voir la source couler avec régularité comme elle le faisait d'habitude. Il dégagea l'arrivée d'eau et vit alors apparaître un génie qui lui proposa de réaliser un vœu quel qu'il soit, mais un vœu unique.

Le paysan demanda à réfléchir et rentra chez lui. Il dit à sa femme qu'il pensait faire le vœu d'être riche. Son épouse lui rétorqua qu'au lieu de désirer de l'argent, il serait préférable de demander à ce qu'elle puisse avoir des enfants. Sa mère, qui vivait avec eux, lui rétorqua que, devenant de plus en plus aveugle, elle ne pouvait guère plus profiter des merveilles et des beautés de la nature qui s'étalaient au dehors. En somme, elle exhortait son fils à demander au génie qu'elle puisse recouvrer la vue.

Le lendemain, le paysan retrouva le génie et formula son vœu comme suit : « Je voudrais que ma mère puisse voir ses nombreux petits-enfants manger dans de la vaisselle en or. »

~~~~~~~~~~~~~~~~~~~~~~~~~~~~

La conséquence de nos actes

Tout homme qui génère un acte libre projette sa personnalité dans l'infini. S'il donne un sou à contrecœur à une personne nécessiteuse, c'est comme si ce sou transperçait la main du pauvre, tombait, trouait la terre, perforait de part en part tous les soleils pour traverser le firmament et compromettre ainsi la rotation de l'univers.

S'il génère un acte impur, sans le savoir, il obscurcit peut-être des milliers de cœurs qu'il ne connaît pas, qui correspondent mystérieusement à lui et qui ont besoin que cet homme soit pur – comme un voyageur mourant de soif a besoin d'un verre d'eau de vie.

Un acte charitable, un mouvement de compassion vraie et sincère, chantent pour lui les louanges divines ; depuis Adam jusqu'à la fin des siècles, il guérit les malades, console les désespérés, apaise les tempêtes, rachète les captifs et protège le genre humain.

— *Léon Bloy*

Regardez mieux et vous verrez !

Que voyez-vous, vous qui me soignez, que pensez-vous ? Que je ne suis qu'une vieille femme grincheuse, un peu perdue, qui ne peut même plus prendre soin d'elle... C'est ça que vous pensez, c'est ça que vous voyez ? Alors, ouvrez les yeux, ce n'est pas moi.

Je suis la dernière d'une famille de dix enfants, une famille unie qui faisait l'envie de tous. À vingt ans, ailes aux pieds, j'ai rencontré mon fiancé, puis nous nous sommes mariés. Et de cette union, six beaux enfants sont nés.

Deux sont décédés dans un accident. Un chauffeur ivre... S'ensuivirent des jours gris, profondément tristes. Puis arrivèrent nos petits-enfants qui apportèrent à nouveau la vie et le bonheur dans notre maison.

À l'aube de mes soixante ans, le ciel rappela mon tendre époux. J'ai alors oublié mon chagrin en visitant des malades, des pauvres, des laissés-pour-compte. Puis, ce fut mon tour, la maladie s'empara de moi, me laissant plus vulnérable et démunie, année après année.

Oui, je suis vieille maintenant. Petit à petit, mon corps s'étiole et s'en va ballant. Et malgré moi, grâce et forme m'abandonnent. Et pourtant dans cette vieille carcasse que je traîne, la jeune fille demeure toujours aussi présente, intense, débordante de tendresse. Et mon vieux cœur se gonfle sans relâche, revivant avec ferveur ses amours secrètes, se souvenant ravie des joies immenses et des peines infimes, dans la juste perspective des choses. Et avec ces sentiments renouvelés qui redonnent à mon existence sa vigueur souveraine, je renais à ma vie, et Dieu que je l'aime !

Alors, ouvrez les yeux, vous qui trop souvent me regardez et me soignez sans âme. Vous verrez alors bien plus qu'une vieille femme bougonne et un tantinet gâteuse... Je vous en prie, regardez mieux et vous verrez...

« Ne donnez pas seulement des soins,
donnez aussi votre cœur. »
Mère Teresa

Nous buvions

Nous buvions pour le bonheur et nous sommes devenus malheureux.

Nous buvions pour oublier et nous sommes devenus obsédés.

Nous buvions pour la joie et nous sommes devenus miséreux.

Nous buvions pour être sociables et nous sommes devenus détestables.

Nous buvions pour le prestige et nous sommes devenus vulgaires.

Nous buvions pour avoir des amis et nous nous sommes plutôt heurtés à des ennemis.

Nous buvions pour dormir et nous nous sommes éveillés sans repos.

Nous buvions pour être forts et nous nous sommes sentis faibles.

Nous buvions des boissons médicinales et nous nous sommes retrouvés malades.

Nous buvions pour relaxer et nous nous sommes mis à trembler.

Nous buvions pour le courage et nous avons connu la peur.

Nous buvions pour la confiance et nous sommes devenus soupçonneux.

Nous buvions pour être au ciel et nous sommes descendus aux enfers.

Nous buvions pour être libres et nous sommes devenus esclaves.

Nous buvions pour effacer nos problèmes et nous les avons vus se multiplier.

Nous buvions pour aimer la vie et nous avons connu la mort.

Plus d'hommes se sont noyés dans l'alcool que dans la mer.

Si la vie vous bouscule, levez les yeux :
il y a des étoiles au-dessus de vous !

Les étoiles de mer

En arrivant sur la plage ce matin-là, j'aperçus à mon grand désarroi des milliers d'étoiles de mer échouées sur le rivage durant la nuit.

En scrutant davantage les alentours, je vis un petit garçon au loin qui ramassait ces étoiles de mer et les rejetait à l'eau. Intrigué, je m'approchai de lui et lui demandai ce qu'il était en train de faire.

« Eh bien, me répondit-il, je rejette les étoiles dans l'océan. C'est la marée basse et si je ne les rejette pas, elles vont mourir.

— Mais il y en a des milliers, fiston, tu ne pourras certainement pas toutes les sauver. »

Le jeune garçon se pencha alors pour prendre une autre étoile de mer et me dit bien simplement : « Vous avez raison, monsieur, mais pour celle-ci, voyez-vous, ça fera toute la différence... »

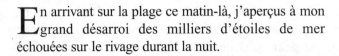

Pensées sur la santé

✸ *La santé dépend plus des précautions et de la prévention que l'on fait que des médecins.*

✸ *Les graines d'un vieillissement en bonne santé se sèment tôt.*

✸ *Un mendiant bien portant est plus heureux qu'un roi malade.*

✸ *La santé est le trésor le plus précieux et le plus facile à perdre. Et c'est cependant le plus mal gardé.*

✸ *S'il fallait prendre soin de sa santé comme on prend grand soin de se divertir, alors on ne serait jamais malade.*

✸ *Si vous ne prenez pas soin de votre santé maintenant, vous serez obligé de « veiller » sur votre maladie plus tard.*

✸ *Plusieurs personnes perdent leur santé à vouloir gagner de l'argent pour ensuite perdre leur argent à regagner leur santé.*

Votre avenir vous appartient !

Vous êtes en soi votre atout le plus précieux. Il n'y a rien en ce monde que vous ne puissiez entreprendre par vous-même. Personne ne peut vous interdire de rêver, vous seul pouvez empêcher que vos rêves ne deviennent réalité.

Ce que vous accomplissez n'est pas limité par vos seules capacités, mais également par le désir que vous avez de réussir. Il n'est pas de monde en dehors de celui que vous vous créez, et vos seules barrières sont celles que vous élevez autour de vous et à l'intérieur desquelles vous choisissez de vivre.

Imaginez-vous dans la peau de cette personne que vous aimeriez vraiment être, faisant ce que vous souhaitez faire de tout votre cœur, et avancez chaque jour d'un pas vers ce but. Et même si parfois, il vous paraît trop dur de continuer, tenez bon. Un beau matin, vous vous réveillerez pour découvrir que vous êtes devenu la personne que vous rêviez de devenir, ayant accompli ce que vous vouliez du plus profond de votre cœur, simplement parce que vous avez eu le courage de croire coûte que coûte en vos rêves et en vous-même.

Comment atteindre ses buts ?

Un jeune homme demanda un jour à Socrate comment il pourrait atteindre ses buts.

Socrate lui répondit : « Viens avec moi ». Il mena le jeune garçon à la rivière, saisit sa tête et la maintint sous l'eau jusqu'à ce qu'il soit sur le point d'étouffer et de se noyer, puis il le libéra. Lorsque le garçon eut retrouvé ses esprits, Socrate lui demanda : « Que désirais-tu le plus lorsque tu étais sous l'eau ?

— De l'air », dit le jeune homme.

Socrate lui dit alors : « Quand tu aspireras à atteindre tes buts autant que tu aspirais à avoir de l'air pour respirer lorsque tu étais immergé, alors tu les atteindras. »

Cela aussi passera...

Il était une fois un roi qui voulait savoir comment prendre moins à cœur les situations désagréables qu'il retrouvait parfois sur son chemin.

Il fit donc venir son conseiller royal et lui soumit le problème : « Je veux que tu trouves quelque chose, une solution miracle qui résoudra toute crise qui se présentera à moi au cours de mon existence. Fais-moi un porte-bonheur, une potion magique, enfin, quoique ce soit qui me procurera protection... »

Le conseiller royal sortit et mit au point quelque chose de son cru. Il revint le jour suivant, tenant un écrin dans ses mains. Il le remit au roi en disant : « Votre Majesté, ceci vous aidera à affronter n'importe quelle tempête. »

Le roi ouvrit la boîte et y découvrit une bague d'une élégance toute simple. Il en éprouva une certaine colère, car il pensa que son conseiller s'était moqué de lui en concevant quelque chose d'inutile.

Mais en la tournant dans sa main, il remarqua une inscription gravée sur le métal précieux et sur laquelle il pouvait lire : « Cela aussi passera... » Il se retourna vers son conseiller, attendant une explication.

« Votre Majesté bien-aimée, peu importe ce qui vous arrivera dans la vie, vous n'aurez qu'à regarder cette bague. Elle vous rappellera que, quelle que soit la situation, celle-ci est momentanée. Elle passera, elle aussi. Oui, vous verrez, le ciel se dégagera, le blé germera, et le soleil se lèvera à nouveau. »

❋ *La patience est l'arbre de la vie qui donne les plus beaux fruits.*

❋ *Tu supportes des injustices ? Console-toi. Le vrai malheur est d'en faire.*

Les oiseaux blancs,
les oiseaux noirs

Les hommes sont, les uns par rapport aux autres, comparables à des murs situés face à face. Chacun est percé d'une multitude de petits trous où se nichent des oiseaux blancs et des oiseaux noirs.

Les oiseaux noirs, ce sont les pensées et les paroles négatives. Les oiseaux blancs, ce sont les pensées et les paroles positives.

Les oiseaux blancs, en raison de leur forme, ne peuvent entrer que dans les trous d'oiseaux blancs. Les oiseaux noirs, eux, ne peuvent nidifier que dans des trous d'oiseaux noirs.

Maintenant, imaginons deux hommes qui se croient ennemis l'un de l'autre. Appelons-les Raphaël et David.

Un jour, David, persuadé que Raphaël lui veut du mal, se sent rempli de colère à son égard et lui envoie une très mauvaise pensée. Ce faisant, il relâche un oiseau noir et libère donc un trou y correspondant. Son oiseau noir s'envole vers Raphaël et cherche, pour s'y nicher, un trou vide adapté à sa forme.

Si, de son côté, Raphaël n'a pas envoyé d'oiseau noir vers David, c'est-à-dire s'il n'a émis aucune mauvaise pensée, aucun de ses trous noirs ne sera vide.

Ne trouvant pas où se loger, l'oiseau noir de David sera obligé de revenir vers son nid d'origine, ramenant avec lui le mal dont il était chargé, mal qui finira par ronger et détruire David lui-même.

Mais imaginons que Raphaël a lui aussi émis une mauvaise pensée. Ce faisant, il a libéré un trou où l'oiseau noir de David pourra entrer afin d'y déposer une partie du mal et y accomplir sa mission de destruction.

Pendant ce temps, l'oiseau noir de Raphaël volera vers David et viendra loger dans le trou libéré par l'oiseau noir de ce dernier. Ainsi, les deux oiseaux noirs auront atteint leur but et travailleront à détruire l'homme auquel ils étaient destinés.

Mais une fois leur tâche accomplie, ils reviendront chacun à leur nid d'origine car il est dit : «Toute chose retourne à sa source».

Le mal dont ils étaient chargés n'étant pas épuisé, ce mal se retournera contre leurs auteurs et achèvera de les détruire.

L'auteur d'une pensée négative ou d'un mauvais souhait est donc atteint à la fois par l'oiseau noir de son ennemi et par son propre oiseau noir, lorsque celui-ci revient vers lui.

La même chose se produit avec les oiseaux blancs. Si nous n'émettons que des pensées positives envers notre ennemi, alors que celui-ci ne nous adresse que des pensées négatives, ses oiseaux noirs ne trouveront pas de place où se loger chez nous et retourneront à leur expéditeur.

Quant aux oiseaux blancs, porteurs des bonnes pensées que nous lui avons envoyées, s'ils ne trouvent aucune place libre chez lui, ils nous reviendront chargés de toute l'énergie bénéfique dont ils étaient porteurs.

Ainsi, si nous émettons uniquement des pensées positives, aucun mal ou malédiction ne pourront jamais nous atteindre.

C'est pourquoi il faut toujours bénir, et ses amis et ses ennemis. Non seulement la bénédiction va vers son objectif pour y accomplir sa mission d'apaisement, mais encore, elle revient vers nous un jour ou l'autre, avec tout le bien dont elle était chargée.

Vous êtes un aimant vivant. Tout ce que vous attirez dans votre vie est en harmonie avec vos pensées dominantes.

En vous levant le matin,
rappelez-vous combien précieux
est le privilège de respirer,
de penser, d'être heureux
et d'aimer.

Je me choisis...

Je ne veux plus me nier, nier mes sentiments, mes besoins, mes attentes. Je veux être respectée, écoutée, entendue. J'ai le droit de respirer, de me dire. J'ai le droit de dénoncer, de penser, de crier. J'ai le droit d'exister.

Je veux vivre debout, être en paix avec moi-même. Je veux grandir, changer, m'aimer. Je veux rêver, rire, m'épanouir. J'ai besoin d'air, j'ai besoin de m'écouter. J'ai besoin de décider pour moi, avec moi, en fonction de mes besoins à moi, de ce que je veux faire de ma vie.

J'en ai marre de vivre en fonction des autres pour être aimée. J'en ai marre de faire des courbettes pour acheter la paix ou ne pas être seule. Je choisis de vivre, de vivre ma vie. Je choisis de vivre mes sentiments, mes émotions, mes rêves, mes espoirs.

Je veux me vivre jusqu'au bout, telle que je suis. Je me réserve le droit d'essayer, de me tromper, de recommencer, d'essayer encore et de réussir.

Pendant la transition, j'accepte ma souffrance, ma déception. J'accepte mon insécurité, mon désespoir. J'accepte ma colère contre les autres. On ne m'avait rien promis.

J'accepte ma colère contre moi, de m'être si longtemps niée et oubliée. Je suis en sevrage, car je sais qu'avec le temps, ces sentiments vont s'atténuer et disparaître, remplacés par le pardon.

Je sais qu'avec le temps, mon cœur va guérir d'avoir mal aimé. Et peut-être qu'avec le temps, j'oserai à nouveau tenter l'expérience d'aimer et d'être aimée.

« Ne laissez personne venir à vous qui ne reparte meilleur et plus heureux. Soyez l'expression vivante de la bonté, que ce soit la bonté de votre visage, la bonté de votre regard, la bonté de votre sourire ou la bonté de votre accueil chaleureux. »

Mère Teresa

La pierre dans le sable

Une petite fille s'amusait dans son bac à sable. Avec sa pelle, elle créait des routes et des tunnels pour ses petites voitures et ses camions. Soudain, au milieu du sable, elle découvrit une grosse pierre.

Elle creusa autour et avec bien du mal, roula la pierre jusqu'au bord de son bac. Elle essaya de la soulever pour la sortir de là, mais les rebords étaient trop hauts et elle n'y arriva pas. Chaque fois, la pierre retombait à l'intérieur. Alors, elle éclata en sanglots.

Son père, qui l'observait, s'approcha et lui dit : « Ma fille, pourquoi n'as-tu pas utilisé toute la force que tu possèdes pour te sortir de cette situation ? »

La fillette, toujours en sanglots, lui répondit : « Mais, papa, je l'ai fait. J'ai utilisé toute la force que j'ai ! »

Alors le père lui dit : « Tu n'as pas utilisé toute la force que tu as à ta disposition, car tu ne m'as pas demandé de l'enlever. » Et aussitôt, le papa saisit la pierre et la retira du carré de sable.

C'est un signe de force et non de faiblesse que d'admettre
qu'on ne connaît pas toutes les réponses.

❀ *Ce qui ne nous tue pas nous rend plus fort.*

❀ *Les problèmes ne sont pas des panneaux d'arrêt, ce sont des panneaux indicateurs.*

❀ *Nos problèmes et nos difficultés sont des occasions d'apprentissage que la vie place sur notre chemin. On peut les refuser, les repousser ; alors ils reviennent constamment sous une forme ou une autre. Lorsqu'on les accueille, qu'on les accepte, qu'on en tire des leçons qui doivent être apprises, alors d'eux-mêmes, ils cessent d'exister.*

La lumière qui change tout

C'était un vieux mandarin. Il avait deux fils et la coutume du village voulait qu'il ne laisse son héritage qu'à un seul. Il était très embêté, car il les aimait tous les deux.

Un matin, il convoqua ses deux fils, remit à chacun la somme de 10 000 yens et leur dit : «La petite salle du château que j'ai fait bâtir est complètement vide. Partez vers la ville et achetez tout ce qu'il faut pour remplir cette salle. Celui qui réussira à la remplir complètement, avec cette petite somme d'argent, aura l'héritage.»

Les deux frères partirent donc vers la ville ayant à l'esprit que leur père leur avait accordé trois jours pour accomplir cette mission. Le lendemain, le plus âgé des frères revint à la maison avec quatre charrettes de foin, assuré que la quantité de foin remplirait complètement la salle du château. Le père fut ravi de la trouvaille de son fils et ne tarissait pas d'éloges à son égard.

Le troisième jour arriva et personne ne voyait le second fils à l'horizon. Le temps passait et le plus âgé des frères se réjouissait, car la victoire lui semblait acquise. Le père attendait patiemment. Il était presque minuit quand le plus jeune des fils arriva, tenant en ses mains une petite boîte qu'il offrit à son père en disant :

«Voici une petite boîte, père ! Son contenu peut remplir complètement la salle.»

Son frère se moqua de lui. Les deux frères se dirigèrent, avec leur père, vers la salle du château. Dans la pénombre, le plus jeune des fils ouvrit la boîte et il en sortit une lampe qu'il alluma. Et la salle fut toute remplie de lumière jusque dans ses moindres recoins.

— Yvon Cousineau, Revue *Chantecler,* janvier 1993

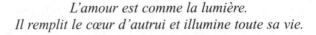

L'amour est comme la lumière.
Il remplit le cœur d'autrui et illumine toute sa vie.

La mort n'est rien

La mort n'est rien,
je suis seulement passé dans la pièce à côté.

Je suis moi. Vous êtes vous.
Ce que j'étais pour vous, je le suis toujours.

Donnez-moi le nom que vous m'avez toujours donné,
parlez-moi comme vous l'avez toujours fait.
N'employez pas un ton différent,
ne prenez pas un air solennel ou triste.
Continuez à rire de ce qui nous faisait rire ensemble.

Priez, souriez, pensez à moi, priez pour moi.

Que mon nom soit prononcé à la maison comme il
l'a toujours été, sans emphase d'aucune sorte,
sans une trace d'ombre.

La vie signifie tout ce qu'elle a toujours été.
Le fil n'est pas coupé.
Pourquoi serais-je hors de vos pensées,
simplement parce que je suis hors de votre vue ?

Je ne suis pas loin,
juste de l'autre côté du chemin
et vous voyez, tout est bien.

— *Charles Péguy,* d'après un texte de saint Augustin

La vie est espoir !

L'arbre bourgeonne à nouveau en oubliant l'hiver.
Le rameau fleurit sans demander pourquoi.
L'oiseau fait son nid sans songer à l'automne.
La vie est espoir et recommencement.

Qui prend soin de votre parachute?

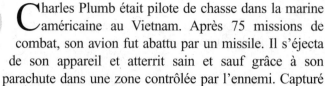

Charles Plumb était pilote de chasse dans la marine américaine au Vietnam. Après 75 missions de combat, son avion fut abattu par un missile. Il s'éjecta de son appareil et atterrit sain et sauf grâce à son parachute dans une zone contrôlée par l'ennemi. Capturé par les communistes vietnamiens, il passa six ans en prison. Mais il survécut à l'épreuve et donne encore aujourd'hui des conférences sur les leçons à tirer de toutes ses expériences.

Un jour, Charles Plumb et sa femme étaient assis dans un restaurant, lorsqu'un homme se leva d'une autre table, s'approcha de lui et lui dit : « Vous êtes Charles Plumb! Vous étiez pilote de chasse au Vietnam sur le porte-avions Kitty Hawk et votre appareil a été abattu. C'est moi qui me suis occupé de votre parachute. »

Charles Plumb eut le souffle coupé et lui exprima toute sa gratitude. L'homme dit : « L'important, c'est qu'il ait bien fonctionné, n'est-ce pas ? » Et M. Plumb lui assura : « Et comment! Si votre parachute n'avait pas fonctionné, je ne serais pas de ce monde aujourd'hui. »

Charles Plumb n'arriva pas à trouver le sommeil cette nuit-là car il pensait sans cesse à cet homme. Combien de fois avait-il pu le croiser sans même lui dire : « Bonjour, comment ça va ? » ou quelque chose du genre.

M. Plumb pensa à toutes ces heures que le marin avait passées, au cœur du navire, à plier soigneusement des parachutes sur une longue table de bois, ayant à chaque instant entre les mains, le destin de gens qu'il ne connaissait pas.

Aujourd'hui, lors de ses conférences, Charles Plumb demande toujours à son auditoire : « Qui prend soin de votre parachute ? Qui vous apporte ce dont vous avez besoin pour passer la journée ?

Prenez donc le temps de vous arrêter, de les reconnaître et, surtout, de les remercier. »

La reconnaissance silencieuse ne vaut rien pour personne.

Ils viennent pour Noël !

Un vieil homme téléphone à son fils Roger et lui dit : «Je voulais juste te dire que ta mère et moi on divorce. Quarante-cinq années de misère, c'est bien assez !»

Son fils devient soudainement hystérique : «Papa, mais de quoi donc parlez-vous pour l'amour du ciel?»

Le père de renchérir : «On ne peut plus s'endurer, c'est tout ! Téléphone à ta sœur Julie pour lui annoncer la nouvelle.» Et sans plus de ménagement, il raccroche !

Le fils téléphone à sa sœur. Elle explose en apprenant la nouvelle. Elle lui crie à tue-tête dans le combiné : « T'en fais pas ; je m'en occupe ! On va bien voir s'ils vont divorcer !»

Elle téléphone à son père : «Il n'est pas question de divorce ! Vous entendez? Je viens de parler à Roger et on arrive ! On sera là pour Noël !»

Le vieil homme raccroche, se retourne vers sa femme et lui dit : «OK ! Ils viennent pour Noël ! As-tu une idée maintenant de ce qu'on pourrait inventer pour les voir au jour de l'An?»

N'oublions pas nos vieux parents dans un foyer ou une résidence !
C'est Noël pour eux aussi et vraisemblablement un de leurs derniers.

Noël prochain, après l'échange traditionnel des cadeaux,
faites un échange de compliments entre les membres
de votre famille. Il s'agira probablement du plus
beau Noël que vous aurez vécu dans votre vie .

Le Mexicain

Dans un port de mer d'un petit village mexicain, un bateau accoste. Un Américain qui est là sur le quai complimente le pêcheur sur ses prises et lui demande combien de temps il lui a fallu pour les capturer.

« Pas très longtemps, répond le Mexicain.

— Mais alors, pourquoi n'êtes-vous pas resté en mer plus longtemps pour en attraper davantage ? demande l'Américain.

— Ces quelques poissons suffisent à assurer la subsistance de ma famille », répond le Mexicain. L'Américain, curieux, demande alors : « Mais que faites-vous le reste du temps ?

— Je fais la grasse matinée, je pêche un peu, je joue avec mes enfants, je fais la sieste avec ma femme. Le soir venu, je vais au village voir mes amis, nous buvons du vin et jouons de la guitare. J'ai une vie bien remplie.

L'Américain l'interrompt…

— J'ai une maîtrise en administration des affaires (MBA) et je peux vous aider. Si vous pêchiez plus longtemps, vous feriez plus d'argent et pourriez vous acheter un plus gros bateau. Avec l'argent que vous rapporterait ce bateau, vous pourriez en acheter un deuxième et ainsi de suite. Au lieu de vendre votre poisson à un intermédiaire, vous pourriez négocier directement avec l'usine, et même, ouvrir votre propre usine. Vous pourriez alors quitter votre village pour vous établir à Mexico, d'où vous dirigeriez toutes vos affaires.

— Combien de temps cela prendrait-il ? demande le Mexicain.

— Dix ou vingt ans, répond l'Américain.

— Et après ?

— Après ? Quand le moment sera venu, vous pourriez introduire votre société en Bourse et vous gagneriez des millions.

— Des millions ? Mais après ? demande le Mexicain.

— Après ? Vous pourriez prendre votre retraite, habiter dans un petit village côtier, faire la grasse matinée, pêcher un peu, jouer avec vos enfants, faire la sieste avec votre femme… »

Les traces de pas

Une nuit, un homme eut un songe. Il rêva qu'il marchait sur la plage avec le Seigneur. Dans le ciel défilaient des scènes de sa vie. L'homme vit qu'à chaque scène il remarquait une double trace de pas dans le sable, l'une appartenant à lui-même, l'autre au Seigneur.

Lorsque la dernière scène passa devant ses yeux, il se retourna vers les empreintes de pas dans le sable et remarqua qu'il n'y avait qu'une trace de pas à certains endroits du trajet. Il constata également que ces zones coïncidaient avec les périodes les plus tristes et les plus misérables de sa vie.

Perplexe, il interrogea le Seigneur : « Seigneur, Tu as dit qu'à partir du moment où j'ai décidé de Te suivre, Tu marcherais toujours à mes côtés. Or, je vois que durant les périodes les plus difficiles de ma vie, il n'y a qu'une seule trace de pas sur la plage.

« Je ne comprends pas pourquoi Tu m'as abandonné dans les moments où j'avais le plus besoin de toi. »

Et le Seigneur répondit : « Mon enfant bien-aimé, Je t'aime et Je ne t'abandonnerai jamais. Ces moments éprouvants qui t'ont fait souffrir, là où tu ne vois qu'une trace de pas empreinte sur le sable, ce sont les moments où Je te portais dans mes bras. »

Dieu n'est pas silencieux.
C'est nous qui sommes sourds.

Si vous cherchez le bonheur...

Pendant une heure, faites une sieste ;
pendant une journée, allez à la pêche ;
pendant un mois, vivez une folle passion ;
pendant une année, dépensez votre fortune ;
pendant toute la vie, aidez quelqu'un.

As-tu 10 $, papa?

Un homme arrive chez lui un soir, fatigué après une dure journée de travail, et il aperçoit son petit garçon de cinq ans assis sur les marches du perron.

« Papa, combien gagnes-tu de l'heure ?

— Mais ça ne te regarde pas, fiston !

— Je veux juste savoir. Je t'en prie, dis-le-moi !

— Bon, si tu veux absolument savoir : 35 $ de l'heure. »

Le petit garçon s'en retourne dans la maison avec un air triste. Il revient vers son père et lui demande : « Papa, pourrais-tu me prêter 10 $?

— Bon, c'est pour ça que tu voulais savoir. Pour m'emprunter de l'argent ! Va dans ta chambre et couche-toi. »

Une heure plus tard, le père réalise qu'il a peut-être réagi trop fortement à la demande de son fils. Peut-être bien qu'il voulait s'acheter quelque chose d'important. Il alla donc le retrouver.

« Écoute, j'ai réfléchi et voici le 10 $ que tu m'as demandé.

— Oh ! Merci, papa ! »

Le petit gars fouille sous son oreiller et en sort 25 $. Le père, en voyant l'argent, devint encore plus irrité.

« Mais pourquoi voulais-tu 10 $? Tu en as déjà 25 ! Qu'est-ce que tu veux faire avec cet argent ?

— C'est que... il m'en manquait. Mais maintenant, j'en ai juste assez. Papa... Est-ce que je pourrais acheter une heure de ton temps ? Demain soir, arrive donc plus tôt à la maison. J'aimerais souper avec toi ! »

Pour un enfant, le mot « amour » s'épelle T-E-M-P-S.

Pour l'amour de soi

Le bonheur, c'est une question d'attitude vis-à-vis la vie. Une façon de penser, de réagir et de se comporter.

Il faut débarrasser notre esprit d'une foule de préjugés par rapport aux autres, mais surtout par rapport à nous-même : apprendre à s'aimer soi-même. La qualité de notre vie et, par conséquent, celle de ceux qui nous entourent ne peut qu'en être enrichie.

Notre vie nous appartient et c'est à nous de définir nos besoins, nos priorités, notre façon d'être.

D'une part, on nous dit : «Sois beau, jeune, dynamique et nous t'aimerons.» D'autre part, on nous répète : «Sois bon, dévoué, disponible, compréhensif et nous t'aimerons.»

Et nous, comment nous aimons-nous? Nous sommes les premières personnes concernées, il nous appartient donc de décider ce que nous voulons être et comment nous entendons l'être.

Un simple geste

Tout le monde peut accomplir de grandes choses... parce que tout le monde peut servir. Vous n'avez pas besoin d'un diplôme universitaire pour servir. Vous n'avez pas besoin de savoir accorder le verbe avec le sujet pour servir.

Vous avez simplement besoin d'un cœur plein de grâce, d'une âme régénérée par l'amour.

— *Martin Luther King*

Les gens vont oublier ce que vous avez dit ;
les gens vont oublier ce que vous avez fait ;
mais jamais ils n'oublieront comment ils
se sont sentis avec vous.

Restez debout...

Lorsque dans votre vie, rien ne va plus, que les problèmes tourmentent votre esprit et que l'angoisse vous envahit... Reposez-vous, s'il le faut, mais restez debout.

Lorsque tout votre univers menace de s'écrouler et que, fatigué, vous sentez la confiance vous abandonner... Reposez-vous, s'il le faut, mais restez debout.

Vous savez, la vie est parfois étrange, avec son lot de surprises et d'imprévus, et il ne nous est pas donné de savoir à l'avance combien d'étapes nous devrons franchir ni combien d'obstacles nous devrons surmonter avant d'atteindre le bonheur et la réussite.

Combien de gens ont hélas cessé de lutter alors qu'un seul petit pas de plus aurait transformé un échec en réussite? Et pourtant, faire un pas à la fois n'est jamais trop difficile.

Vous devez donc avoir le courage et la ténacité nécessaires pour faire ce petit pas de plus, en affirmant que la vie est une grande et puissante amie, se tenant toujours à vos côtés, prête à vous porter secours.

Vous verrez alors que cette attitude appellera, du plus profond de vous-même, des forces de vie que vous ne soupçonniez même pas et qui vous aideront à réaliser ce que vous entreprendrez.

Alors, rappelez-vous bien ceci : «Quand, dans la vie, vous vivez des moments difficiles… Reposez-vous, s'il le faut, mais restez debout.»

« Ce qui sauve, c'est de faire un pas et encore un pas... »
Antoine de Saint-Exupéry

⌇⌇⌇⌇⌇⌇⌇⌇⌇⌇⌇⌇⌇⌇⌇⌇⌇⌇

Les soucieux regardent tout autour ;
ceux qui ont des regrets regardent vers le passé ;
ceux qui ont la foi regardent vers les cieux.

Dès maintenant et chaque jour...

Voici quelques programmations qui vous aideront à commencer la journée du bon pied et à vivre une vie plus heureuse. Selon le Dr Joseph Murphy, il faut dire ces phrases chaque jour, pendant 21 jours.

«Dès maintenant et chaque jour..., je me libère de mon passé.»
«Dès maintenant et..., je suis divinement guidé et protégé.»
«Dès maintenant et..., je m'aime et m'accepte tel que je suis.»
«Dès maintenant et..., je suis en sécurité partout où je suis.»
«Dès maintenant et..., je me pardonne et je pardonne à tous.»
«Dès maintenant et..., je me trouve au bon endroit, au bon moment.»
«Dès maintenant et..., l'abondance se manifeste en tout et partout.»
«Dès maintenant et..., je suis en parfaite santé physique et mentale.»
«Dès maintenant et..., je réussis tout ce que j'entreprends.»
«Dès maintenant et..., je vois tout avec les yeux de l'amour.»

La plus importante et la plus négligée des conversations,
c'est celle que vous avez avec vous-même.

Souriez au suivant...

Un jour, je marchais dans la rue et j'ai souri à quelqu'un, Quand il m'a souri à son tour, je me suis rendu compte que c'était moi qui avais déclenché ce sourire. Et j'ai alors vite réalisé la valeur de ce petit geste. Alors, si vous sentez un sourire s'esquisser sur vos lèvres, encouragez-le. Offrez-le! Quelqu'un, quelque part, en a besoin.

Nous sous-estimons souvent le pouvoir d'un contact, d'un sourire,
d'un mot gentil, d'une oreille attentive, d'un compliment sincère
ou d'une petite attention; et pourtant, ils ont tous le
pouvoir de changer une vie.

Bibliographie

Auclair, Marcelle. *Le Livre du bonheur*, Éditions du Seuil, 1959.

De Mello, Anthony. *Histoires d'humour et de sagesse*, Les Éditions Bellarmin, 1992.

Gaboury, Placide. *Paroles pour le cœur*, Éditions de Mortagne, Boucherville, 1987.

Gauthier, Patrick. *Réflexions sur le bonheur*, Les Éditions Trustar, 1997.

Gray, Martin. *Le Livre de la vie*, Éditions Robert Laffont, 1973.

Jacques, Josée. *Les Saisons du deuil*, Éditions Quebecor, 2006.

Leroux, Patrick. *Moments d'inspiration*, Éditions Un monde différent, 2002.

Millman, Dan. *Chaque jour, l'illumination*, Les Éditions Du Roseau, 1998.

Poletti, Rosette et Barbara Dobbs. *Accepter ce qui est*, Éditions Jouvence, France, 2005.

Pollak, Kay. *Aucune rencontre n'arrive par hasard*, Éditions Jouvence, 1996.

Sève, André. *Pour accueillir le soir*, éditions Centurion, 1994.

Ziglar, Zig. *Rendez-vous au sommet*, Les Éditions Un monde différent, 1977.

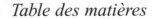

Table des matières

Pour communiquer avec l'auteure, ou pour lui
acheminer des textes ou histoires riches de sens
qui pourraient être retenus lors d'une prochaine
parution, visitez son site Internet et obtenez-y
tous les renseignements :

www.nicolecharest.com

Marquis imprimeur inc.

Québec, Canada
2008